中华人民共和国

行政处罚法

案例注释版

中国法制出版社
CHINA LEGAL PUBLISHING HOUSE

出版说明

我国各级人民法院作出的生效裁判是审判实践的结晶，是法律适用在社会生活中真实、具体而生动的表现，是连接抽象法律与现实纠纷的桥梁。因此，了解和适用法律最好的办法，就是阅读、参考已发生并裁判生效的真实案例。从广大读者学法、用法以及法官、律师等司法实务人员工作的实际需要出发，我们组织编写了这套“法律法规案例注释版”丛书。该丛书侧重“以案释法”，期冀通过案例注释法条的方法，将法律条文与真实判例相结合，帮助读者准确理解与适用法律条文，并领会法律制度的内在精神。

丛书最大的特点是：

一、专业性。丛书所编选案例的原始资料基本来源于各级人民法院已经审结并发生法律效力的裁判文书，从阐释法律规定的需要出发，加工整理而成。对于重点法条，则从全国人大常委会法工委等立法部门对条文的专业解读中提炼条文注释。

二、全面性。全书以主体法为编写主线，并辅之以条文主旨、条文注释、实用问答、典型案例、相关规定等，囊括了该法条的理论阐释和疑难问题，帮助读者全面理解法律知识体系。

三、示范性。裁判案例是法院依法对特定主体之间在特定时间、地点发生的法律纠纷作出的裁判，其本身具有真实性、指导性和示范性的特点。丛书选择的案例紧扣法律条文规定，精选了最高人民法院、最高人民检察院公布的指导案例等典型案例，对于读者有很强的参考借鉴价值。

四、实用性。每本书通过实用问答模块，以问答的方式解答实务中的疑难问题，帮助读者更好地解决实际问题。丛书设置“相关案例索引”栏目，列举更多的相关案例，归纳出案件要点，以期通过相关的案例，进一步发现、领会和把握法律规则、原则，从而作为解决实际问题的参考，做到举一反三。

五、便捷性。丛书采用大字排版、双色印刷，清晰疏朗，提升了读者的阅读体验。我们还在部分分册的主体法律文件之后收录重要配套法律文件，以及相应的法律流程图表、文书等内容，方便读者查找和使用。

希望本丛书能够成为广大读者学习、理解和适用法律的得力帮手！

适用提示

《中华人民共和国行政处罚法》（以下简称《行政处罚法》）是我国规范政府共同行政行为的一部重要法律，于1996年3月17日由第八届全国人民代表大会第四次会议通过，根据2009年8月27日第十一届全国人民代表大会常务委员会第十次会议《关于修改部分法律的决定》第一次修正，根据2017年9月1日第十二届全国人民代表大会常务委员会第二十九次会议《关于修改〈中华人民共和国法官法〉等八部法律的决定》第二次修正，2021年1月22日由第十三届全国人民代表大会常务委员会第二十五次会议修订通过，自2021年7月15日起施行。

《行政处罚法》的制定和修改，对于规范行政机关有效地依法行政，改进行政管理工作，加强廉政建设，维护社会秩序和公共利益，保护公民的合法权益，促进社会主义市场经济的健康发展，起到重要作用。

本次修订的主要考虑包括：一是贯彻落实党中央重大决策部署，立法主动适应改革需要，体现和巩固行政执法领域中取得的重大改革成果。二是坚持问题导向，适应实践需要，扩大地方的行政处罚设定权限，加大重点领域行政处罚力度。三是坚持权由法定的法治原则，增加综合行政执法，赋予乡镇人民政府、街道办事处行政处罚权，完善行政处罚程序，严格行政执法责任，更好地保障严格规范公正文明执法。四是把握通用性，从行政处罚法是行政处罚领域的通用规范出发，认真总结实践经验，发展和完善行政处罚的实体和程序规则，为单行法律、法规设定行政处罚和行政机关实施行政处罚提供基本遵循。

一、增加行政处罚的定义、扩大行政处罚的种类

原《行政处罚法》第八条列举了七项行政处罚种类，但没有规定何为行政处罚，实践中遇到不少困难，本次修订作了完善。第一，增加行政处罚的定义。第二条规定："行政处罚是指行政机关依法对违反行政管理秩序的公民、法人或者其他组织，以减损权益或者增加义务的方式予以惩戒的行为。"简单来讲就是新的不利处分。第二，增加行政处罚种类。第九条增加规定通报批评、降低资质等级、限制开展生产经营活动、责令关闭、限制从业。

二、扩大地方性法规设定行政处罚的权限

为充分发挥地方性法规在地方治理中的作用，第十二条第三款增加规定："法律、行政法规对违法行为未作出行政处罚规定，地方性法规为实施法律、行政法规，可以补充设定行政处罚。拟补充设定行政处罚的，应当通过听证会、论证会等形式广泛听取意见，并向制定机关作出书面说明。地方性法规报送备案时，应当说明补充设定行政处罚的情况。"同时，第十一条第三款进一步明确了行政法规设定行政处罚的创制性立法权。

三、完善行政处罚实施主体规定

第一，根据党和国家机构改革和行政执法体制改革要求，

首次规定“综合行政执法”，在原第十六条基础上增加一款，作为第十八条第一款，规定：“国家在城市管理、市场监管、生态环境、文化市场、交通运输、应急管理、农业等领域推行建立综合行政执法制度，相对集中行政处罚权。”第二，进一步规范委托行政处罚。在原第十八条基础上增加一款，作为第二十条第二款，规定：“委托书应当载明委托的具体事项、权限、期限等内容。委托行政机关和受委托组织应当将委托书向社会公布。”第三，规定交由乡镇人民政府、街道办事处行使县级人民政府部门的行政处罚权，但第二十四条规定了基层管理迫切需要、能够有效承接、定期组织评估、省（自治区、直辖市）决定应当公布、加强执法能力建设、完善评议和考核制度等诸多限制性要求。

四、完善行政处罚的适用

第一，规定责令退赔和非法所得为“利润”。第二十八条第二款规定：“当事人有违法所得，除依法应当退赔的外，应当予以没收。违法所得是指实施违法行为所取得的款项。法律、行政法规、部门规章对违法所得的计算另有规定的，从其规定。”第二，规定过错推定原则。这是对应受行政处罚行为构成要件的重大修改。第三十三条第二款规定：“当事人有证据足以证明没有主观过错的，不予行政处罚。法律、行政法规另有规定的，从其规定。”第三，首次规定了行政协助。第二十六条规定：“行政机关因实施行政处罚的需要，可以向有关机关提出协助请求。协助事项属于被请求机关职权范围内的，应当依法予以协助。”第四，规定同一个违法行为违反多个法律规范应当给予罚款处罚的，按照罚款数额高的规定处罚。第五，完善了“两法衔接”。首次要求从司法机关到行政机关的逆循环，以及“对依法不需要追究刑事责任或者免予刑事处罚，但应当给予行政处罚的，司法机关应当及时将案件移送有关行政机关”，并对衔接机制作了进一步规定，要求“行政处罚实施机关与司法机关之间应当加强协调配合，建立健全案件移送制度，加强证据材料移交、接收衔接，完善案件处理信息通报机制”。第六，规范行政处罚自由裁量权行使。完善了从轻或者减轻行政处罚，增加了初次违法可以不予处罚。增加规定行政机关可以依法制定行政处罚裁量基准。第七，完善追责时效，涉及公民生命健康安全、金融安全等重点领域的违法行为的追责期限由两年延长至五年。第八，增加“从旧兼从轻”适用规则，实施行政处罚，适用违法行为发生时的法律、法规、规章的规定。但是，作出行政处罚决定时，法律、法规、规章已被修改或者废止，且新的规定处罚较轻或者不认为是违法的，适用新的规定。第九，完善行政处罚决定无效制度。行政处罚没有依据或者实施主体不具有行政主体资格的，以及违反法定程序构成重大且明显违法的，行政处罚无效。第十，明确行政处罚证据种类和适用规则，规定证据必须经查证属实，方可作为认定案件事实的根据；以非法手段取得的证据，不得作为认定案件事实的根据。第十一，进一步明确适用范围。外国人、无国籍人、外国组织在中华人民共和国领域内有违法行为，应当给予行政处罚的，适用本法，法律另有规定的除外。

五、完善行政处罚的程序

第一，明确公示要求，增加规定行政处罚的实施机关、立案依据、实施程序和救济渠道等信息应当公示；具有一定社会影响的行政处罚决定应当依法公开。第二，体现全程记录，增加规定行政机关应当依法以文字、音像等形式，对行政处罚的启动、调查取证、审核、决定、送达、执行等进行全过程记录，归档保存。第三，细化法制审核程序，列明适用情形，明确未经法制审核或者审核未通过的，不得作出行政处罚决定。第四，规范非现场执法，利用电子技术监控设备收集、固定违法事实的，应当经过法制和技术审核，确保电子技术监控设备符合标准、设置合理、标志明显，设置地点应当向社会公布。电子技术监控设备记录违法事实应当真实、清晰、完整、准确。同时，要保障陈述权、申辩权。第五，进一步完善回避制度，细化回避情形，明确对回避申请应当依法审查，但不停止调查或者实施行政处罚。第六，增加规定发生重大传染病疫情等突发事件，为了控制、减轻和消除突发事件引起的社会危害，行政机关对违反突发事件应对措施的行为，依法快速、从重处罚，但不完全等于简化程序。第七，适应行政执法的实际需要，将适用简易程序的罚款数额由五十元以下和一千元以下，分别提高至二百元以下和三千元以下。第八，增加立案程序和办理时限，除当场作出的行政处罚外，行政机关认为符合立案标准的，应当立案；案件办理时限原则上是九十日。第九，完善听证程序，扩大适用范围，增加了“没收较大数额违法所得、没收较大价值非法财物，降低资质等级，责令关闭，限制从业，其他较重的行政处罚”等，适当延长申请期限，明确行政机关应当结合听证笔录作出决定。第十，增加电子送达，当事人同意并签订确认书的，行政机关可以采用传真、电子邮件等方式，将行政处罚决定书等送达当事人。

六、完善行政处罚的执行

第一，适应行政执法的实际需要，将行政机关当场收缴的罚款数额由二十元以下提高至一百元以下。第二，与《行政强制法》相衔接，完善行政处罚的强制执行程序，规定当事人逾期不履行行政处罚决定的，行政机关可以根据法律规定实施行政强制执行。第三，明确行政机关批准延期、分期缴纳罚款的，申请人民法院强制执行的期限，自暂缓或者分期缴纳罚款期限结束之日起计算。第四，增加对限制人身自由的行政处罚决定，当事人可以申请暂缓执行。第五，明确当事人申请行政复议或者提起行政诉讼的，加处罚款的数额在行政复议或者行政诉讼期间不予计算。第六，增加电子支付，当事人还可以通过电子支付系统缴纳罚款。

七、加强行政执法监督

第一，增加规定罚款、没收违法所得或者没收非法财物拍卖的款项，不得同作出行政处罚决定的行政机关及其工作人员的考核、考评直接或者变相挂钩。第二，增加规定县级以上人民政府应当定期组织开展行政执法评议、考核，加强对行政处罚的监督检查，规范和保障行政处罚的实施。

目　录

中华人民共和国行政处罚法

第一章　总　　则

第二章 行政处罚的种类和设定

第三章 行政处罚的实施机关

第四章 行政处罚的管辖和适用

第五章　行政处罚的决定

第一节　一般规定

第二节　简易程序

第八章 附　　则

附录一

附录二

中华人民共和国行政处罚法

（1996 年 3 月 17 日第八届全国人民代表大会第四次会议通过　根据 2009 年 8 月 27 日第十一届全国人民代表大会常务委员会第十次会议《关于修改部分法律的决定》第一次修正　根据 2017 年 9 月 1 日第十二届全国人民代表大会常务委员会第二十九次会议《关于修改〈中华人民共和国法官法〉等八部法律的决定》第二次修正　2021 年 1 月 22 日第十三届全国人民代表大会常务委员会第二十五次会议修订　2021 年 1 月 22 日中华人民共和国主席令第 70 号公布　自 2021 年 7 月 15 日起施行）

第一章　总　　则

第一条　立法目的[①]

为了规范行政处罚的设定和实施，保障和监督行政机关有效实施行政管理，维护公共利益和社会秩序，保护公民、法人或者其他组织的合法权益，根据宪法，制定本法。

① 条文主旨为编者所加，下同。

● *条文注释*

根据本条的规定，本法的立法目的主要体现在以下几个方面：第一，规范行政处罚的设定和实施；第二，保障和监督行政机关有效实施行政管理；第三，维护公共利益和社会秩序；第四，保护公民、法人或者其他组织的合法权益。

第二条 行政处罚的定义

行政处罚是指行政机关依法对违反行政管理秩序的公民、法人或者其他组织，以减损权益或者增加义务的方式予以惩戒的行为。

● *条文注释*

在理解本条内容时，应着重考虑以下五个方面：

1. 行政处罚的实施主体是行政主体。尽管本条表述的是“行政机关”，但需要注意的是，并非所有的行政机关都是行政处罚的主体。另外，除行政机关外，拥有行政处罚权限的法律法规授权组织和受行政机关委托的组织也是行政处罚的实施主体。

2. 行政处罚针对的是公民、法人或其他组织违反行政管理秩序的行为。本条所规定的违反行政管理秩序的行为，并不包括情形严重已经构成犯罪的行为。

3. 行政处罚的方式是减损权益或者增加义务。所谓权益，是指权利和利益，即行为主体在法律规定的范围内，为满足其特定的需求而自主享有的权利和利益。因此，所谓减损权益，严格来说是指减损应受行政处罚行为当事人的权利和利益。

4. 行政处罚的对象是作为外部相对人的公民、法人或者其他组织，而非内部相对人，这可使行政处罚区别于行政机关基于行政隶属关系、行政监察机关对公务员所作出的处分行为。

5. 行政处罚的目的是“惩戒”。

第三条 适用范围

行政处罚的设定和实施，适用本法。

条文注释

本条体现了行政处罚法定原则，包括行政处罚依法设定和行政处罚依法实施两个方面。

第一，行政处罚的设定必须法定，是指受到行政处罚的当事人行为、种类、幅度等设定都需要有法律依据，主要包括行政处罚的种类法定和行政处罚设定权限法定。

第二，行政处罚的实施必须法定，是指行政处罚实施主体及其职权、实施原则和实施程序都必须法定，主要包括行政处罚实施主体法定、实施程序法定等内容。

第四条 适用对象

公民、法人或者其他组织违反行政管理秩序的行为，应当给予行政处罚的，依照本法由法律、法规、规章规定，并由行政机关依照本法规定的程序实施。

条文注释

行政处罚的适用条件如下：（1）公民、法人或者其他组织的行为违反行政管理秩序应当承担法律责任。（2）法律、法规或者规章明确规定，公民、法人或者其他组织违反行政管理秩序应当给予行政处罚的，才能给予行政处罚。（3）行政处罚只能由行政机关依照法定程序实施。这是行政处罚区别于刑事处罚的关键。

第五条 适用原则

行政处罚遵循公正、公开的原则。

设定和实施行政处罚必须以事实为依据，与违法行为的事实、性质、情节以及社会危害程度相当。

对违法行为给予行政处罚的规定必须公布；未经公布的，不得作为行政处罚的依据。

典型案例

1. 卢某诉福建省某市公安局交警支队道路交通行政处罚检察监督案（最高人民检察院检例第146号）

2013年5月1日21时许，卢某酒后无证驾驶无号牌两轮摩托车碰撞路边行人吴某珍，致其轻微伤。经鉴定，卢某的血液酒精浓度为255mg/100ml，已达醉酒驾驶标准；经某市公安局交通警察支队（以下简称市交警支队）某大队交通事故认定，卢某负事故全部责任。市交警支队某大队根据《中华人民共和国道路交通安全法》第九十九条的规定，对卢某无证驾驶无号牌摩托车的行为作出罚款300元的处罚。该市某区人民法院以危险驾驶罪判处卢某拘役三个月，并处罚金人民币3000元（判决已生效，300元罚款已折抵）。此后，市交警支队根据《中华人民共和国道路交通安全法》第九十一条第二款的规定，对卢某作出吊销机动车驾驶证的行政处罚决定，卢某不服该处罚决定，以其持有的小型汽车驾驶证与涉案交通事故无关为由向某区人民法院提起行政诉讼。

区人民法院于2013年9月24日作出一审判决，维持市交警支队所作的行政处罚决定。卢某不服，向市中级人民法院提起上诉。市中级人民法院经审理认为，卢某在同一起交通事故中，因醉酒无证驾驶已经受到刑事处罚，又因无证驾驶无号牌摩托车受到罚款的行政处罚。现市交警支队再以卢某醉酒驾驶而吊销其小型汽车驾驶证，该行政处罚与卢某已经受到的刑事处罚和行政罚款处罚存在矛盾，故于2013年12月11日作出二审判决：一、撤销区人民法院所作的一审行政判决；二、撤销市交警支队所作的吊销卢某机动车驾驶证的行政处罚决定。

案件来源。市交警支队不服二审判决，向市人民检察院申请监督。市人民检察院依法审查后认为，二审判决适用法律错误，遂向市中级人民法院发出再审检察建议。市中级人民法院复函不予再审。市人民检察院提请福建省人民检察院抗诉。

监督意见。福建省人民检察院经审查认为，卢某醉酒无证驾驶无号牌两轮摩托车，违反《中华人民共和国道路交通安全法》的规定，分别受到刑事处罚和吊销驾驶证、罚款的行政处罚，三者之间不存在矛盾。《中华人民共和国道路交通安全法》规定的吊销机动车驾驶证是一种剥夺持证人驾驶各类型机动车上道路行驶资格的处罚，不是只剥夺驾驶某一准驾车型资格的处罚。被诉行政处罚决定是基于行为人实施严重危害道路交通安全的违法行为，认为允许其继续驾驶机动车或将危及公共安全，由此作出终止其驾驶许可的决定。这是对违法行为人道路交通安全和法律意识的一种否定性评价，与违法行为人实际持有驾驶证的准驾车型无关，也与其实施违法行为时实际驾驶的机动车类型无关。二审判决适用法律确有错误。

福建省人民检察院经调查发现，2019年，本省公安机关作出吊销驾驶证行政处罚案件中有32件被法院裁判撤销行政处罚决定。在这些案件中，公安机关认为吊销驾驶证是指对违法行为人所有准驾车型的驾驶资格一并吊销；法院认为一并吊销依据不足，且不符合过罚相当原则，通常判决撤销吊销机动车驾驶证的行政处罚决定，执法和司法中对法律理解和适用不一致。

监督结果。2019年9月30日，福建省人民检察院向福建省高级人民法院提出抗诉，认为：《中华人民共和国道路交通安全法》第九十一条第二款规定，“醉酒驾驶机动车的，由公安机关交通管理部门约束至酒醒，吊销机动车驾驶证，依法追究刑事责任；五年内不得重新取得机动车驾驶证”，其中“吊销机动车驾驶证，依法追究刑事责任”，并非可选择的处罚措施；根据《中华人民共和国行政处罚法》（2009年）第四条第二款关于“设定和实施行政处罚必须以事实为依据，与违法行为的事实、性质、情节以及社会危害程度相当”的规定，卢某在道路上醉酒驾驶机动车，是危害公共安全的行为，市交警支队在卢某被追究刑事责任后，对其处以吊销所有准驾车型驾驶资格的处罚符合法律规定。2020年5月21日，福建省高级人民法院采纳检察机关的抗诉意见，作出再审判决：一、撤销市中级人民法院所作的二审判决；二、维持区人民法院所作的一审判决。

类案监督。鉴于类似案件社会影响较大，具有一定代表性，行政执法与司法裁判对法律的理解和适用存在认识分歧，影响执法公信力和司法权威性，福建省人民检察院主动加强与省高级人民法院、省公安厅沟通协调，围绕吊销机动车驾驶证问题进行座谈研讨，就吊销机动车驾驶证行政诉讼案件裁判尺度和执法标准问题达成共识。2021年3月19日，福建省公安厅下发《关于进一步规范吊销机动车驾驶证行政案件办理的通知》，要求加强源头管理，把吊销机动车驾驶证相关规定内容纳入申领机动车驾驶证的安全文明驾驶常识考试题库；同时，鉴于吊销机动车驾驶证行政处罚减损被处罚人权益，对被处罚人影响重大，要求规范办案程序，严格事实认定，综合考量违法驾驶者的违法事实、性质、情节以及社会危害程度，体现过罚相当。2021年4月30日，福建省人民检察院与省高级人民法院印发会议纪要，就检察机关和人民法院正确执行《中华人民共和国道路交通安全法》，办理吊销机动车驾驶证行政案件提出具体要求，统一司法裁判尺度。截至目前，该省未再出现涉吊销驾驶证行政案件执法司法标准不统一的问题。

2. S公司诉B市自然资源局土地行政处罚案（最高法发布涉民营企业产权和企业家合法权益保护再审典型案例[①]之十二）

2003年4月，A市发展计划局批复同意S公司在涉案地块开展建设，原B市国土局也作出同意用地的预审意见，B市招商引资办还发函明确土地补偿费按S公司与镇政府协商的价格解决并要求尽快完成项目建设。9月，镇国土所出具“兹有某度假村全部土地已经我所协助征用。其土地使用证正在办理中，请有关部门给予办理报建手续”证明。2004年2月，S公司取得建设用地规划许可证、建设工程规划许可证、施工许可证等系列手续；B市政府也作出批复，减免报建规费，兑现招商政策。其间，S公司通过向村民、村民小组租赁或购买的方式使用涉案土地并于年底建成五里香茶艺馆。10月，原广东省国土资源厅复函同意涉案项目完善用地手续，但B市有关部门一直未按要求申报完善手续。2014年，B市自然资源局经立案调查后认定，S公司未取得建设用地批准手续即进行建设，属非法占用土地，决定没收建筑物和其他设施。

S公司不服，起诉请求撤销处罚决定，一、二审法院均驳回S公

① 《最高法发布涉民营企业产权和企业家合法权益保护再审典型案例》，载最高人民法院网站，https://www.court.gov.cn/zixun/xiangqing/413952.html，2023年11月5日访问。

司的诉讼请求。S 公司申请再审被驳回后，向最高人民法院提出申诉。最高人民法院决定对本案再审并提审。

最高人民法院再审认为，S 公司未依法取得并完善用地审批手续，应当承担相应的法律责任。但 B 市政府及相关部门明知 S 公司用地手续不全，仍然以招商引资名义作出一系列行政许可并支持先行建设，也应承担相应的法律责任。特别是因涉案项目符合土地利用总体规划，原广东省国土资源厅已经同意完善用地手续的情况下，B 市相关部门长期未推动完善用地手续，系违法用地状态长期持续的重要原因。此外，B 市政府部门及项目所在村组还收取 S 公司支付的部分土地补偿等费用。S 公司对上述政府行为已形成足够信赖，因而形成的信赖利益应予保护。B 市自然资源局在十年后将非法占地责任全归责于 S 公司，迳行将五里香茶艺馆没收，显失公正，也侵害其信赖利益。2023 年 4 月 19 日最高人民法院作出再审判决：撤销一、二审判决，确认被诉处罚决定违法。判决书同时载明，鉴于 S 公司原审期间未提出赔偿请求，B 市自然资源局主动协商采取具体补救措施或者赔偿方案；协商不成的，应及时作出赔偿决定。对赔偿决定不服的，可另行诉讼。

行政机关在对因政府原因与企业原因共同形成的非法占用土地进行处罚时，应充分考虑非法占用土地的时间、原因、情节与各方责任大小，采取既能纠正非法占用土地，又能保护相对人信赖利益，还能实现土地节约集约利用的执法方式。兴宁市自然资源局未遵循行政处罚法有关“过罚相当原则”“信赖保护原则”规定，没收并拆除已运营十余年、符合土地利用总体规划且可以补办用地手续的建设项目，利益衡量显失公正，执法方式简单机械，侵犯企业的信赖利益。

3. **青面馆诉某区市场监督管理局行政处罚案**［北京市第一中级人民法院（2019）京01行终1189号行政判决书①］

青面馆于2015年9月28日取得《餐饮服务许可证》，许可证编号：(京食药）餐证字201511022900××××，有效期限2015年9月28日至2018年9月27日，餐馆类别：小型餐馆；备注：不含凉菜、不含裱花蛋糕、不含生食水产品。2017年12月12日，北京市某区某镇食药所接到工单号为〔（延）信〕S2017120002的举报信息，显示青面馆在美团外卖网上超过许可事项范围经营凉菜，“凉拌金针菇一份，15元；素什锦一份，12元”。原某区食药监局于2017年12月12日立案后开展了现场调查、发协查函、复查等调查取证工作。2018年11月28日，原某区食药监局向青面馆送达了《行政处罚事先告知书》《听证告知书》，告知其违法行为违反的法律法规、处罚依据、拟对其进行的行政处罚、陈述申辩和听证的权利等。2018年11月29日，青面馆提交听证申请书，原某区食药监局依法于2018年12月11日举行了听证会，听证组于当日出具听证意见书，认为案件事实清楚、证据确凿、程序合法、适用法律准确，建议维持原行政处罚意见。2018年12月17日，原某区食药监局依法延长办案期限30个工作日。2018年12月18日，原某区食药监局作出（京延）食药监食罚〔2018〕110006号《行政处罚决定书》（以下简称被诉处罚决定），决定对青面馆给予如下行政处罚：1. 没收违法所得27元；2. 并处50000元罚款。罚没款共计50027元。原某区食药监局将被诉处罚决定同一般缴款书一并于2018年12月20日送达给青面馆。青面馆不服，于2019年1月24日向法院提起行政诉讼，要求撤销被诉处罚决定。

青面馆于2018年11月30日重新办理了《食品经营许可证》（有

① 如无特别说明，本书所引用的案例均源自中国裁判文书网。下略。

效期自2018年11月30日至2023年9月11日)，经营项目增加了“冷食类食品制售，限蔬果拼盘”。

2019年3月，因机构改革，原某区食药监局并入新成立的北京市某区市场监督管理局。

生效裁判认为，根据双方当事人的陈述，本案的争议焦点在于，被诉处罚决定的处罚幅度是否适当。《行政处罚法》是规范行政处罚的种类、设定及实施的基本法律，《食品安全法》是规范食品生产经营活动及其监督管理的基本法律。在处罚食品安全违法行为方面，二者之间是一般法与特别法的关系，即通常应优先适用《食品安全法》，但在《食品安全法》没有明确规定时，也可以适用《行政处罚法》。

《行政处罚法》第四条第二款规定：“设定和实施行政处罚必须以事实为依据，与违法行为的事实、性质、情节以及社会危害程度相当。”行政处罚应遵循过罚相当原则，行政处罚所适用的处罚种类和处罚幅度要与违法行为的性质、情节及社会危害程度相适应。行政处罚兼具惩罚和教育的双重功能，通过处罚既应达到纠正违法行为的目的，也应起到教育违法者及其他公民自觉守法的作用。对违法行为施以适度的处罚，既能纠正违法行为，又能使违法者自我反省，同时还能教育其他公民自觉守法。如果处罚过度，则非但起不到教育的作用，反而会使被处罚者产生抵触心理，甚至采取各种手段拖延或抗拒执行处罚，无形中增加了行政机关的执法成本，也不利于树立行政处罚的公信力。

《行政处罚法》第二十七条第一款规定：“当事人有下列情形之一的，应当依法从轻或者减轻行政处罚：(一)主动消除或者减轻违法行为危害后果的；(二)受他人胁迫有违法行为的；(三)配合行政机关查处违法行为有立功表现的；(四)其他依法从轻或者减轻行政处罚的。”其中，“从轻处罚”是指在法定幅度内选择较低限度予以处罚，“减轻处罚”是指在法定幅度最低限以下予以处罚。

本案中，上诉人销售超过许可事项的凉菜仅有27元，未造成任何实际危害后果，且在立案查处后立刻停止违法行为，依据《行政处罚法》第二十七条第一款第四项的规定，应当予以减轻处罚。若依据《食品安全法》对上诉人处以五万元罚款，在处罚幅度上存在明显不当。根据《行政诉讼法》第七十七条第一款规定，“行政处罚明显不当，或者其他行政行为涉及对款额的确定、认定确有错误的，人民法院可以判决变更”，故本院将罚款数额变更为一万元。

4. 电线厂诉某省住建厅行政处罚案［最高人民法院（2019）最高法行再107号行政判决书］

2015年3月31日，某省住建厅建材打假抽检小组对建筑公司建设的“某花园”住宅小区进行建筑材料抽检。《现场检查笔录》显示，2015年3月31日某省住建厅工作人员在建筑公司施工现场抽取电线和水管两种建筑材料；《现场抽检项目表》记载，电线电缆规格型号450/750V2.5平方毫米，取样要求（必检）1组25米，取样要求（留样）1组25米，是否允许复检注明为“否”；《抽样信息登记表》显示，科彩牌2.5平方毫米的铜芯聚乙烯绝缘电线抽样数量必检25米，留样25米；该批次产品总量37米×100米，已使用数量27米×100米，库存数量10米×100米。根据建筑公司提供的购买产品的销售清单显示，2014年12月6日，电线厂向建筑公司销售科彩牌2.5平方毫米电线37扎，价值4255元；1.5平方毫米电线21扎，价值1470元；所购电线共计价值5725元。2015年4月10日，某省建设工程质量安全监督检测总站出具《电线电缆检验报告》，结论：所检项目中导体直流电阻不符合GB/T 5023.3—2008的标准要求，其余项目符合该标准的要求。

某省住建厅于2015年6月2日立案调查。根据建筑公司提供的《中标通知书》和《标准施工合同》显示，案涉某花园工程项目合同中标价为57728639.91元，包括3栋16层的商住楼（基底面积1334.27平方米，建筑面积25465.7平方米，含地下室架空层）和1栋1层商业楼（基底面积1033.34平方米，建筑面积1033.34平方米），工程内容包括土石方、建筑装饰、安装（水电、防雷、消防）室外工程、弱电工程、专业装修等工程。建筑公司提供的某花园（1-4栋配电部分）预算书和补充协议显示该部分配电工程预算价为987392.96元。2015年6月4日，某省住建厅向建筑公司的材料采购员吴某辉调查，询问其检验不合格的科彩牌电线来源，吴某辉回答说是电线厂生产的，并告知具体经销商名称和地址，经营者为杨某辉。2015年7月22日，建筑公司立即进行了整改。

2015年7月27日，某省住建厅向建筑公司作出《行政处罚意见告知书》及《行政处罚听证告知书》，告知拟对建筑公司处以工程合同价款57728639.91元的2%，即1154572.80元的罚款，且告知建筑公司享有陈述和申辩的权利以及要求举行听证的权利。某省住建厅并于同日作出《责令改正通知书》，责令建筑公司立即改正违法行为。建筑公司于2015年7月29日收到上述两份告知书及通知书，并及时进行了整改。至2015年8月12日，建筑公司在规定期限内未提出陈述和申辩，亦未提出听证要求，某省住建厅作出《行政处罚决定书》（以下简称10号处罚决定），并通过邮递方式将该决定书送达给建筑公司。2015年8月17日，建筑公司法定代表人简某平签收该决定书。2015年9月1日，建筑公司向某省住建厅缴纳全部罚款1154572.80元。

2016年8月1日，建筑公司以因购买使用电线厂生产的伪劣电线遭受建筑行政处罚为由，提起民事诉讼，请求电线厂赔偿罚款1154572.80元。2016年8月21日，电线厂向某中级法院提起本案行政诉讼，请求撤销某省住建厅作出的10号处罚决定。2016年9月13日，一审法院以该案民事诉讼须以本案行政诉讼审理结果为依据为由，裁定中止民事诉讼。

生效裁判认为，对于某省住建厅作出的10号处罚决定是否具有合法性，需要从以下三个方面进行讨论，即处罚决定认定的违法事实是否清楚以及处罚决定适用法律是否正确。

（一）关于违法事实的认定

施工单位应当结合实际建立健全建筑材料检验管理制度，在施工中严格遵照工程设计要求、强制性标准的规定和合同约定，委派专人负责，对工程上使用的建筑材料按照要求进行检验并设置检验台账，以书面方式记录检验结果。

本案中，经过某省住建厅调查核实，“某花园”项目现场并未建立材料进场检验台账，也未对用于施工的建设材料进行检验。广东省建设工程质量安全监督检测总站出具的《电线电缆检验报告》结论为，对“某花园”小区抽检的2.5平方毫米铜芯聚乙烯绝缘电线所检项目中导体直流电阻不符合标准要求。该部分电线已经用于工程中的楼梯间照明，尚未造成后果。某省住建厅根据上述调查认定的事实，认为建筑公司未按规定进行检验，在工程施工中使用不合格的电线，具有事实根据和法律依据，建筑公司对上述事实亦未提出异议。某省住建厅对建筑公司的违法行为定性准确，证据确凿，本院予以确认。

（二）关于10号处罚决定的法律适用问题

本案中，对于施工单位未按规定对建筑材料进行检验，并且在施工中使用了该不合格建筑材料的情形，应当适用《建设工程质量管理条例》（以下简称《条例》）第六十四条还是第六十五条进行处罚，需要结合《条例》的规制目的、规范对象进行具体分析。《条例》第六十五条是对施工单位在施工过程中，未按规定对材料、构配件、设备和商品混凝土等进行检验或者未对涉及结构安全的试块、试件以及有关材料取样检测的处罚措施的规定。《条例》第六十四条则是关于施工单位偷工减料、使用不合格建筑材料或不按规定施工的处罚规定。从条文设置的目的来看，两个条文都是为了确保工程质量和安全，要求对建筑材料应当进行检验后才能在工程施工中使用。但是，第六十五条的规定主要是对施工单位建立和落实检验、检测制度的要求，防止把不合格材料、构配件使用到工程上。该条强调的是对检验检测制度的落实，具体可包括两种情形：一是施工单位未检验但尚未使用建筑材料；二是施工单位未经任何检验即使用建筑材料，但该建筑材料仍属于合格材料。第六十四条则是强调对将不合格建筑材料用于施工的行为的处罚。从处罚程度来看，第六十四条规定的处罚力度明显重于第六十五条，这主要是因为违反第六十四条规定的行为，必然严重危及工程质量，损害国家和公众的利益，需要加大对此类违法行为的处罚力度。综上，对于施工单位未按规定对建筑材料进行检验并在施工中使用该不合格建筑材料的，应当适用《条例》第六十四条进行处罚。

第六条 处罚与教育相结合原则

实施行政处罚，纠正违法行为，应当坚持处罚与教育相结合，教育公民、法人或者其他组织自觉守法。

条文注释

处罚与教育相结合是行政处罚法的重要原则之一，在理解行政处罚时尤其需要理解：行政处罚不是目的，而是一种手段，应当把处罚的手段和教育的目的结合起来，既不能以教代罚，更不能以罚代教，只有坚持处罚与教育相结合，才能真正达到保障法律实施、防止违法和犯罪、保障公民合法权益、维护安定团结的社会秩序的最终目的。

本条应与不予处罚、可以不予处罚、减轻处罚、从轻处罚等条款结合起来适用。实践中不少地方和部门编制了上述四张清单。各省、自治区、直辖市基本都制定了行政处罚裁量基准。

第七条 被处罚者的权利

公民、法人或者其他组织对行政机关所给予的行政处罚，享有陈述权、申辩权；对行政处罚不服的，有权依法申请行政复议或者提起行政诉讼。

公民、法人或者其他组织因行政机关违法给予行政处罚受到损害的，有权依法提出赔偿要求。

典型案例

流通公司、科技公司诉某区市场监管局行政处罚案［北京市高级人民法院（2019）京行申1194号行政裁定书］

2017年1月25日，某区市场监管局接到举报，称某超市销售的蓝莓果汁饮料标签配料表里有“葡萄紫”，涉嫌非法添加或者没有使用食品添加剂的通用名称。同年2月3日，某区市场监管局对某超市进行现场检查、制作现场检查笔录，发现其货架上有5瓶涉案产品，予以立案。同日，某区市场监管局作出扣押决定书，决定将5瓶涉案产品予以扣押，并向某超市作出责令改正通知书。3月1日，某区市场监管局对某超市的委托代理人进行调查询问，并制作询问调查笔录，认定该超市经营涉案产品共计15瓶，货值金额57元，实际销售4瓶，共15.20元。3月3日，某区市场监管局向某超市作出延期扣押通知书，将扣押期限延长至2017年4月3日。3月14日，某区市场监管局作出行政处罚事先告知书，告知某超市拟作出的处罚内容、依据及其享有的陈述申辩权。同日，某区市场监管局制作陈述申辩笔录，某超市表示“我单位无陈述申辩意见，接受处罚”。3月16日，经审批，某区市场监管局作出《行政处罚决定书》（以下简称被诉处罚决定），认定“某超市自2016年7月至2017年2月经营标签不符合规定的预包装食品。违法经营期间，购进蓝莓果汁饮料15瓶，销售4瓶，进货价人民币2.82元/瓶，销售价人民币3.80元/瓶。共计违法所得人民币15.20元，经营违法食品的货值金额共计人民币57元。经复查，未发现该超市经营标签不符合规定的预包装食品”。某区市场监管局决定给予某超市以下处罚：1. 没收违法所得人民币15.20元；2. 没收标签不符合规定的预包装食品：蓝莓果汁饮料5瓶；3. 处罚款人民币3万元整。某超市不服，遂向一审法院提起诉讼。

某区市场监管局在作出被诉处罚决定过程中，未就被诉处罚决定的相关事项对作为涉案产品生产者的科技公司进行事先告知，亦未听取该公司的陈述和申辩。

生效裁判认为，本案的焦点问题在于本案是否应适用正当程序原则、某区市场监管局是否应向科技公司进行调查核实。正当程序原则是行政法领域的基本原则之一，其要求将受到行政决定影响的人能够充分而有效地参与行政决定的制作过程，从而对决定的结果发挥积极的作用，故行政机关在行政执法中应遵循正当程序原则。本案中，被诉行政处罚系认定蓝莓果汁饮料标签配料表中标注的成分涉嫌非法添加或者没有使用食品添加剂通用名称的违法行为，科技公司虽然不是被诉处罚决定的行政相对人，但其作为生产涉案产品及标注预包装标签的生产厂家，可能会受到被诉处罚决定的不利影响，故某区市场监管局在查处案件时有必要保障其对调查程序的参与权，就案件事实情况向其进行调查核实。同时需指出，调查程序的参与并不意味着生产商据此取得与行政处罚相对人同等的程序性权利，故某区市场监管局认为二审判决降低行政执法工作效率、产生不利社会效果的主张不能成立，本院不予支持。因某区市场监管局作出被诉处罚决定前未向科技公司进行调查核实，故一审法院判决撤销被诉处罚决定、二审法院判决驳回上诉，维持一审并无不当。

相关规定

《行政诉讼法》第 12 条

第八条 被处罚者承担的其他法律责任

公民、法人或者其他组织因违法行为受到行政处罚，其违法行为对他人造成损害的，应当依法承担民事责任。

违法行为构成犯罪，应当依法追究刑事责任的，不得以行政处罚代替刑事处罚。

条文注释

行政处罚与民事责任的竞合适用上，由于两种法律责任的性质完全相异，一个是行政机关给予违法者以行政处罚，另一个是违法者向受害者承担民事侵权责任，在责任的承担上既不发生冲突，也不会发生重责吸收轻责的情况。因此，违法者应同时承担两种法律责任，不能因予以行政处罚而免除其民事责任，也不能因已承担民事责任而免除或从轻、减轻行政处罚。此外，需要结合本法没收违法所得、责令退赔的规定，以及《民法典》第 187 条等，贯彻民事责任优先赔偿规定。

同样的道理，违法行为构成犯罪的，也不能以行政处罚代替刑事处罚，必须移送司法机关处理，本法第 27 条、第 35 条都作了相应规定，《行政执法机关移送涉嫌犯罪案件的规定》是本法的配套规定。

● *相关规定*

《行政执法机关移送涉嫌犯罪案件的规定》

第二章　行政处罚的种类和设定

第九条　处罚的种类

行政处罚的种类：

（一）警告、通报批评；

（二）罚款、没收违法所得、没收非法财物；

（三）暂扣许可证件、降低资质等级、吊销许可证件；

（四）限制开展生产经营活动、责令停产停业、责令关闭、限制从业；

（五）行政拘留；

（六）法律、行政法规规定的其他行政处罚。

● *相关规定*

《治安管理处罚法》第 10 条；《道路交通安全法》第 88 条、第

89 条

第十条 法律对处罚的设定

法律可以设定各种行政处罚。

限制人身自由的行政处罚，只能由法律设定。

条文注释

这里的法律是指全国人大及其常委会按照立法程序制定的法律规范。法律不仅可以设定《行政处罚法》第 9 条规定的各种行政处罚，也可以规定其他种类的行政处罚。另外，由于限制人身自由的行政处罚包括行政拘留和其他人身罚，均涉及公民的人身自由权利，应当而且只能由法律来设定。其他法律规范，包括行政法规、地方性法规和规章均不得设定限制人身自由的行政处罚。

相关规定

《立法法》第 11 条

第十一条 行政法规对处罚的设定

行政法规可以设定除限制人身自由以外的行政处罚。

法律对违法行为已经作出行政处罚规定，行政法规需要作出具体规定的，必须在法律规定的给予行政处罚的行为、种类和幅度的范围内规定。

法律对违法行为未作出行政处罚规定，行政法规为实施法律，可以补充设定行政处罚。拟补充设定行政处罚的，应当通过听证会、论证会等形式广泛听取意见，并向制定机关作出书面说明。行政法规报送备案时，应当说明补充设定行政处罚的情况。

条文注释

行政法规是国务院按照立法程序制定的法律规范，其效力仅次于宪法、法律。行政法规的行政处罚设定权的特点：一方面，行政法规设定行政处罚比宪法、法律以外的其他法律规范的权限要大；另一方面，它又受一定的限制，不仅不能设定限制人身自由的行政处罚，而且法律对违法行为已经作出行政处罚规定，行政法规需要作出具体规定的，必须在法律规定的给予行政处罚的行为、种类和幅度的范围内规定。除此之外，行政法规根据过罚相当的原则，可以设定其他任何形式的行政处罚。

本条第 3 款行政法规的补充设定权的行使，以“法律对违法行为未作出行政处罚规定”为前提，以实施法律为目的，以通过广泛听取意见并向制定机关作出书面说明为手段，以备案说明补充设定行政处罚的情况为补充。

相关规定

《立法法》第 12 条、第 72 条

第十二条 地方性法规对处罚的设定

地方性法规可以设定除限制人身自由、吊销营业执照以外的行政处罚。

法律、行政法规对违法行为已经作出行政处罚规定，地方性法规需要作出具体规定的，必须在法律、行政法规规定的给予行政处罚的行为、种类和幅度的范围内规定。

法律、行政法规对违法行为未作出行政处罚规定，地方性法规为实施法律、行政法规，可以补充设定行政处罚。拟补充设定行政处罚的，应当通过听证会、论证会等形式广泛听取意见，并向制定机关作出书面说明。地方性法规报送备案时，应当说明补充设定行政处罚的情况。

条文注释

在法律和行政法规已有考虑但仍存在漏洞的情况下，地方性法规可以对于法律、行政法规进行补充。地方性法规补充设定权的行使，以法律、行政法规对违法行为未作出行政处罚规定为前提，以实施法律、行政法规为目的，以通过广泛听取意见并向制定机关作出书面说明为手段，以备案说明补充设定行政处罚的情况为补充。

相关规定

《立法法》第 82 条

第十三条 国务院部门规章对处罚的设定

国务院部门规章可以在法律、行政法规规定的给予行政处罚的行为、种类和幅度的范围内作出具体规定。

尚未制定法律、行政法规的，国务院部门规章对违反行政管理秩序的行为，可以设定警告、通报批评或者一定数额罚款的行政处罚。罚款的限额由国务院规定。

条文注释

本条第 1 款并不是指规章可以设定一项新的行政处罚，而是指规章可以在上位法规定的范围内作出更为具体的规定。也就是说，如果上位法规定了某一行为可以处以相应的处罚，那么规章可以根据这一行为的轻重情节，在处罚种类和幅度范围内作出更为具体、详细的规定，这是对于上位法规定的细化。

● *相关规定*

《立法法》第 91 条

第十四条 地方政府规章对处罚的设定

地方政府规章可以在法律、法规规定的给予行政处罚的行为、种类和幅度的范围内作出具体规定。

尚未制定法律、法规的，地方政府规章对违反行政管理秩序的行为，可以设定警告、通报批评或者一定数额罚款的行政处罚。罚款的限额由省、自治区、直辖市人民代表大会常务委员会规定。

● *相关规定*

《立法法》第 93 条

第十五条 对行政处罚定期评估

国务院部门和省、自治区、直辖市人民政府及其有关部门应当定期组织评估行政处罚的实施情况和必要性，对不适当的行政处罚事项及种类、罚款数额等，应当提出修改或者废止的建议。

● *条文注释*

本条重在对行政处罚的实施过程进行跟踪评价，发现不恰当的行政处罚相关规定并及时修正。从《行政处罚法》第 10 条至第 14 条的规定来看，不仅法律、行政法规可以设定行政处罚，地方性法规、国务院部门规章、地方政府规章均可以在一定范围内设定行政处罚，设定行政处罚的机关范围广、层级也各不相同。行政处罚会对公民、法人和其他组织的权益造成严重不利的影响，在设定行政处罚前需要对科学性、必要性、合理性作严密论证，在设定之后仍需要对实施过程中反映的问题加以收集、研判，对于其中不适当的规定应当通过法定程序予以修改或废止。因此，本条的规定对于完善行政处罚立法的整体制度、推动行政处罚立法更适应社会现实发展，无疑具有重要的意义。

相关规定

《立法法》第 67 条

第十六条 其他规范性文件不得设定行政处罚

除法律、法规、规章外，其他规范性文件不得设定行政处罚。

实用问答

问：本条所指的其他按规范性文件主要是哪些文件？

答：本条所指的其他规范性文件，主要包括：无法律或者地方性法规制定权的国家权力机关制定的规范性文件，无行政法规或者规章制定权的行政机关制定的具有普遍约束力的决定、命令，军事机关、审判机关、检察机关的规范性文件，社会团体、行业组织章程等。上述规范性文件因其性质不能设定公民、组织的义务，因此，不得设定行政处罚。

相关案例索引

中燃公司诉某市质量技术监督局行政处罚决定案（《最高人民法院公报》2020 年第 10 期）

行政规范性文件经制定、发布、公布、施行，具备作为实施行政处罚依据的行政法律效力。是否报送备案并非行政规范性文件的生效要件；行政规范性文件应当报备而未报备的，该问题应通过行政机关内部督促检查的法定途径予以解决。

根据有关法律、法规、规章规定，涉诉行政规范性文件如果与国家标准、行业标准、地方标准和企业标准存在一定区别，且构成检验、判定在一定地域生产、销售的普通柴油产品质量依据的，对该行政规范性文件的实施问题应当在行政处罚适当性审查中予以衡平考量。故从行政裁量上依法调整处罚结果，进一步提升行政处罚决定的适当性，以更好地体现坚持处罚与教育相结合的行政处罚原则。

第三章　行政处罚的实施机关

第十七条　处罚的实施

行政处罚由具有行政处罚权的行政机关在法定职权范围内实施。

条文注释

行政机关并非都具有行政处罚权。行政机关作为国家机关的一种，是由国家依法设立并代表国家依法行使行政权，掌管国家行政事务的机关，它们都具有法定的行政权力，但作为行政处罚主体的，只能是那些具有外部管理职能的行政机关。那些没有外部管理职能的内部行政机关，如机关事务管理部门、人事部门、决策咨询机构、内部协调机构等不能作为行政处罚的主体。

另外，违反行政管理秩序的行为只能由主管行政机关依职权给予行政处罚，行政机关对自己职权范围外的违法行为没有行政处罚权。例如，行政拘留只能由公安机关行使，公安机关以外的其他行政机关不得作为实施行政拘留的处罚主体。

第十八条　相对集中行使处罚权

国家在城市管理、市场监管、生态环境、文化市场、交通运输、应急管理、农业等领域推行建立综合行政执法制度，相对集中行政处罚权。

国务院或者省、自治区、直辖市人民政府可以决定一个行政机关行使有关行政机关的行政处罚权。

限制人身自由的行政处罚权只能由公安机关和法律规定的其他机关行使。

第十九条　授权实施行政处罚

法律、法规授权的具有管理公共事务职能的组织可以在法定授权范围内实施行政处罚。

实用问答

问：有效授权成立的条件有哪些？

答：有效授权成立的条件有：

1. 授权主体必须是特定的国家机关，任何个人都不能作为授权主体。根据《行政处罚法》的规定，下列机关可以成为授权的主体：（1）全国人大及其常委会；（2）国务院；（3）省级地方人大及其常委会。当然，不同的授权主体各自的授权范围和授权内容是有明显区别的。

2. 授权必须在法律规定的范围内实施，某些专有权力不得授权。例如，行政拘留等限制人身自由的行政处罚只能由公安机关实施，法律法规不得授权给其他行政机关实施。

3. 授权应当以公开、规范的方式进行。所谓公开，是指授权的内容、范围及被授权组织的地位、作用等必须公之于众，通过内部文件方式确定授权是无效的，对相对人不具有法律拘束力。所谓规范化，是指授权的内容、范围及被授权组织的地位等事项应当是具有相当稳定性和普遍适用性的。根据《行政处罚法》的规定，授权非行政机关的组织实施行政处罚，必须以法律、行政法规或者地方性法规的方式进行，其他形式的授权是无效的。

第二十条 委托实施行政处罚

行政机关依照法律、法规、规章的规定，可以在其法定权限内书面委托符合本法第二十一条规定条件的组织实施行政处罚。行政机关不得委托其他组织或者个人实施行政处罚。

委托书应当载明委托的具体事项、权限、期限等内容。委托行政机关和受委托组织应当将委托书向社会公布。

委托行政机关对受委托组织实施行政处罚的行为应当负责监督，并对该行为的后果承担法律责任。

受委托组织在委托范围内，以委托行政机关名义实施行政处罚；不得再委托其他组织或者个人实施行政处罚。

典型案例

陈德龙诉成都市成华区环境保护局环境行政处罚案（最高人民法院指导案例 138 号）

陈德龙系个体工商户龙泉驿区大面街道办德龙加工厂业主，自

2011年3月开始加工生产钢化玻璃。2012年11月2日，成都市成华区环境保护局（以下简称成华区环保局）在德龙加工厂位于成都市成华区保和街道办事处天鹅社区一组B-10号的厂房检查时，发现该厂涉嫌私自设置暗管偷排污水。成华区环保局经立案调查后，依照相关法定程序，于2012年12月11日作出成华环保罚字〔2012〕1130-01号行政处罚决定，认定陈德龙的行为违反《中华人民共和国水污染防治法》（以下简称水污染防治法）第二十二条第二款规定，遂根据水污染防治法第七十五条第二款规定，作出责令立即拆除暗管，并处罚款10万元的处罚决定。陈德龙不服，遂诉至法院，请求撤销该处罚决定。

2014年5月21日，成都市成华区人民法院作出（2014）成华行初字第29号行政判决书，判决：驳回原告陈德龙的诉讼请求。陈德龙不服，向成都市中级人民法院提起上诉。2014年8月22日，成都市中级人民法院作出（2014）成行终字第345号行政判决书，判决：驳回原告陈德龙的诉讼请求。2014年10月21日，陈德龙向成都市中级人民法院申请对本案进行再审，该院作出（2014）成行监字第131号裁定书，裁定不予受理陈德龙的再审申请。

法院生效裁判认为，德龙加工厂工商登记注册地虽然在成都市龙泉驿区，但其生产加工形成环境违法事实的具体地点在成都市成华区，根据《中华人民共和国行政处罚法》第二十条、《环境行政处罚办法》第十七条的规定，成华区环保局具有作出被诉处罚决定的行政职权；虽然成都市成华区环境监测站于2012年5月22日出具的《检测报告》，认为德龙加工厂排放的废水符合排放污水的相关标准，但德龙加工厂私设暗管排放的仍旧属于污水，违反了水污染防治法第二十二条第二款的规定；德龙加工厂曾因实施“未办理环评手续、环保设施未验收即投入生产”的违法行为受到过行政处罚，本案违法行为系二次违法行为，成华区环保局在水污染防治法第七十五条第二款所规定的幅度内，综合考虑德龙加工厂系二次违法等事实，对德龙加工厂作出罚款10万元的行政处罚并无不妥。

第二十一条 受托组织的条件

受委托组织必须符合以下条件：

（一）依法成立并具有管理公共事务职能；

（二）有熟悉有关法律、法规、规章和业务并取得行政执法资格的工作人员；

（三）需要进行技术检查或者技术鉴定的，应当有条件组织进行相应的技术检查或者技术鉴定。

条文注释

行政执法资格是从事行政执法活动人员应当具备的基本要件，是从事行政执法活动的前提和基础。确立行政执法人员资格制度的目的是通过设立执法准入门槛，增强行政执法的严肃性，规范行政执法行为，提高执法水平和质量，达到依法行政的目的。

相关规定

《民用航空行政处罚实施办法》第12~18条；《水行政处罚实施办法》第6~9条

第四章　行政处罚的管辖和适用

第二十二条　地域管辖

行政处罚由违法行为发生地的行政机关管辖。法律、行政法规、部门规章另有规定的，从其规定。

条文注释

违法行为发生地是确定管辖的基本标准。行为人实施了行政违法行为，在其实施过程中任何一个阶段被发现，该地方都可以成为违法行为发生地。违法行为发生地可以包括违法行为实施地和违法行为结果地。制造、运输、销售假药涉及多个地方的，每个地方相应的行政机关都拥有地域管辖权。

相关规定

《海关行政处罚实施条例》第 3 条、第 4 条；《教育行政处罚暂行实施办法》第 5 条；《道路交通安全违法行为处理程序规定》第 4 条、第 5 条；《市场监督管理行政处罚程序规定》第 7～16 条

第二十三条　级别管辖

行政处罚由县级以上地方人民政府具有行政处罚权的行政机关管辖。法律、行政法规另有规定的，从其规定。

条文注释

并不是所有的行政机关都“具有行政处罚权”，“具有行政处罚权”也必须按照法定权限和程序，由两名以上具有行政执法人员资格的执法人员执法。上级法律规范规定了职能管辖机关的，下级法律规

范不能与其相抵触，不能改变这一规定。

第二十四条 行政处罚权的承接

省、自治区、直辖市根据当地实际情况，可以决定将基层管理迫切需要的县级人民政府部门的行政处罚权交由能够有效承接的乡镇人民政府、街道办事处行使，并定期组织评估。决定应当公布。

承接行政处罚权的乡镇人民政府、街道办事处应当加强执法能力建设，按照规定范围、依照法定程序实施行政处罚。

有关地方人民政府及其部门应当加强组织协调、业务指导、执法监督，建立健全行政处罚协调配合机制，完善评议、考核制度。

第二十五条 管辖权争议

两个以上行政机关都有管辖权的，由最先立案的行政机关管辖。

对管辖发生争议的，应当协商解决，协商不成的，报请共同的上一级行政机关指定管辖；也可以直接由共同的上一级行政机关指定管辖。

条文注释

本条的共同上一级行政机关，与共同上级行政机关不同，是指能够同时指挥、管理不同下级行政机关且最为直接的行政管理机关。《行政处罚法》作出这样的规定，一方面是考虑指定管辖的权威性，另一方面也不至于过度影响执法效率。发生管辖权争议的不同行政机关，如果是同级人民政府的不同工作部门，则共同上一级行政机关为同级人民政府；如果一个是同级人民政府的工作部门，一个是上级垂直管理部门，则要层报至上级垂直管理部门所属的人民政府指定管辖；如果是不同行政区域的同一性质的工作部门，则层报共同的上一级行政主管部门；如果是不同区域的县级以上人民政府，则由共同的上一级人民政府，直至国务院进行指定管辖。

第二十六条 行政协助

行政机关因实施行政处罚的需要，可以向有关机关提出协助请求。协助事项属于被请求机关职权范围内的，应当依法予以协助。

条文注释

行政协助是行政管理的常态，是指行政机关和法律、法规授权的具有管理公共事务职能的组织，因全面履行行政职责需要，向无隶属关系的行政机关请求协助，被请求机关依法提供协助的行为。

协助的原因通常包括，因法定原因，单独行使职权难以实现行政目标的，行使职权所必需的文书、资料等信息为被请求机关所掌握，自行收集难以获得的，等等。

协助事项不属于被请求机关职权范围内的，违反请求协助程序的，协助请求缺乏合法性依据，被请求机关应当拒绝协助。由被请求机关以外的其他行政机关提供协助更具效能的，被请求行政机关提供协助将严重妨碍自身履行职权的，被请求机关可以拒绝协助。

第二十七条 行政处罚与刑事司法的衔接

违法行为涉嫌犯罪的，行政机关应当及时将案件移送司法机关，依法追究刑事责任。对依法不需要追究刑事责任或者免予刑事处罚，但应当给予行政处罚的，司法机关应当及时将案件移送有关行政机关。

行政处罚实施机关与司法机关之间应当加强协调配合，建立健全案件移送制度，加强证据材料移交、接收衔接，完善案件处理信息通报机制。

● *相关规定*

《刑事诉讼法》第3条；《行政执法机关移送涉嫌犯罪案件的规定》；《公安机关办理行政案件程序规定》；《公安机关受理行政执法机关移送涉嫌犯罪案件规定》

第二十八条 改正违法行为及没收违法所得

行政机关实施行政处罚时，应当责令当事人改正或者限期改正违法行为。

当事人有违法所得，除依法应当退赔的外，应当予以没收。违法所得是指实施违法行为所取得的款项。法律、行政法规、部门规章对违法所得的计算另有规定的，从其规定。

第二十九条 同一行为不得重复处罚

对当事人的同一个违法行为，不得给予两次以上罚款的行政处罚。同一个违法行为违反多个法律规范应当给予罚款处罚的，按照罚款数额高的规定处罚。

实用问答

问：如何理解“按照罚款数额高的规定处罚”？

答：是不同行政机关分别履行行政程序，明确拟罚款的金额之后，互相协商比较，再作出一个数额较高的处罚，还是直接比较两种违法行为法律责任中罚款的幅度？实务中，出于行政效率和可操作性的考量，应当理解为后者为宜。例如，甲规范的罚款幅度是5000元到10000元，乙规范的处罚幅度是1000元到50000元，则应当按照乙规范的规定处罚。如此，也更符合本条后半句的语义。但是，乙规范所授权的行政机关在裁量罚款金额时，应当将甲规范的罚款幅度也纳入裁量要素予以考虑，一般不得低于甲规范的处罚幅度下限。

上述情形主要适用于同步启动的行政程序。如果适用甲规范的行政程序已经完成，行政机关不知道乙规范的存在，已经作出了罚款决定，则出于法秩序安定的考虑，没有必要把已作出的罚款决定撤销，再由适用乙规范的行政机关启动行政程序作出数额更高的罚款决定。换句话说，适用乙规范的行政机关应当受到本条第一句的拘束，而无适用本条第二句的空间。但是，适用乙规范的行政机关可以通过内部行政方式告知适用甲规范的行政机关。

相关案例索引

蔡某诉某市交通委员会、某市人民政府行政处罚案[①]

网约车是在“互联网+”理念下形成的新型共享经济模式，其与传统的、未取得旅客运输行政许可而从事旅客运输活动的单个非法营运行为存在着重要区别。涉案争议行政行为作出时，并无任何规范性法律文件对网约车进行规范。某市交通委员会将法律性质尚待明确的

---

① 贺伟：《对网约车营运行政处罚的审查》，载《人民司法（案例）》2018年第2期。

网约车直接定性为非法营运并适用《道路运输条例》予以处罚，不符合法治的基本原理和精神。

第三十条 对未成年人处罚的限制

不满十四周岁的未成年人有违法行为的，不予行政处罚，责令监护人加以管教；已满十四周岁不满十八周岁的未成年人有违法行为的，应当从轻或者减轻行政处罚。

条文注释

本法的附则部分没有对“以上”“以下”“不满”等用语进行定义，因此对“已满”和“不满”的理解适用应当遵循语义解释的一般规则。《民法典》第13条规定“自然人从出生时起到死亡时止”。第17条规定：“十八周岁以上的自然人为成年人。不满十八周岁的自然人为未成年人。”因此，自然人在十四周岁生日当天实施违法行为的，不能适用“不予行政处罚”的规定；自然人在十八周岁生日当天实施违法行为的，不能适用“应当从轻或者减轻行政处罚”的规定。

针对已满十四周岁不满十八周岁的未成年人实施的违法行为，本条在从轻或者减轻行政处罚之前增加了“应当”二字。从立法技术角度来说，这一规定更加规范。本条适用时需要注意，“应当”二字既修饰“从轻或者减轻行政处罚”，即相对于成年人实施相同违法行为的处罚，应当从轻或者减轻；同时，“应当”也修饰“行政处罚”，即相对于不满十四周岁的未成年人，已满十四周岁不满十八周岁的未成年人实施违法行为的，不能不予处罚。

相关规定

《治安管理处罚法》第12条、第21条

第三十一条 精神病人及限制性精神病人处罚的限制

精神病人、智力残疾人在不能辨认或者不能控制自己行为时有违法行为的，不予行政处罚，但应当责令其监护人严加看管和治疗。间歇性精神病人在精神正常时有违法行为的，应当给予行政处罚。尚未完全丧失辨认或者控制自己行为能力的精神病人、智力残疾人有违法行为的，可以从轻或者减轻行政处罚。

条文注释

精神病人、智力残疾人不承担行政处罚责任的原因在于其不具备识别和避免风险发生的能力，不构成行政违法行为。精神病人、智力残疾人，间歇性精神病人在不能辨认或者不能控制自己行为时有违法行为的，与违法行为相关的违禁品，有关行政机关可以依法予以收缴。

相关规定

《治安管理处罚法》第13条；《民法典》第28条、第36条

第三十二条 从轻、减轻处罚的条件

当事人有下列情形之一，应当从轻或者减轻行政处罚：

（一）主动消除或者减轻违法行为危害后果的；

（二）受他人胁迫或者诱骗实施违法行为的；

（三）主动供述行政机关尚未掌握的违法行为的；

（四）配合行政机关查处违法行为有立功表现的；

（五）法律、法规、规章规定其他应当从轻或者减轻行政处罚的。

条文注释

本法条所说“主动供述行政机关尚未掌握的违法行为”，既包括在行政机关尚未发现违法行为人之前主动向行政机关供述自己的违法行为，也包括在被行政机关调查后主动供述行政机关尚未掌握的自己的其他违法行为。如果供述的是行政机关尚未掌握的他人的违法行为则不属于这种情况，符合立功条件的，按照本条第四项处理。主动供述违法行为表现了违法行为人改恶向善的意愿，相对于负隅顽抗甚至故意编造谎言误导行政机关调查工作的违法行为人而言，更易于教育，适用较轻的行政处罚即可达到处罚的目的。应当注意的是，实践中有的违法行为人供述违法事实后，对自己的行为性质进行辩解，这种情况可以视为陈述或申辩，不影响供述情节的成立。

典型案例

北海市乃志海洋科技有限公司诉北海市海洋与渔业局行政处罚案（最高人民法院指导案例178号）

北海市乃志海洋科技有限公司（以下简称乃志公司）诉称：其未实施围海、填海行为，实施该行为的主体是北海市渔沣海水养殖有限公司（以下简称渔沣公司）。即使认定其存在非法围海、填海行为，因其与渔沣公司在同一海域内实施了占用海域行为，应由所有实施违法行为的主体共同承担责任，对其从轻或减轻处罚。北海市海洋与渔业局（以下简称海洋渔业局）以乃志公司非法占用并实施围海、填海0.38公顷海域，作出缴纳海域使用金十五倍罚款的行政处罚，缺乏事实和法律依据，属于从重处罚，请求撤销该行政处罚决定。

海洋渔业局辩称：现场调查笔录及照片等证据证实乃志公司实施了围海造地的行为，其分别对乃志公司和渔沣公司的违法行为进行了查处，确定乃志公司缴纳罚款数额符合法律规定。

法院经审理查明：2013 年 6 月 1 日，渔沣公司与北海市铁山港区兴港镇石头埠村小组签订《农村土地租赁合同》，约定石头埠村小组将位于石头埠村海边的空地租给渔沣公司管理使用，该地块位于石头埠村海边左邻避风港右靠北林码头，与海堤公路平齐，沿街边 100 米，沿海上进深 145 米，共 21.78 亩，作为海产品冷冻场地。合同涉及租用的海边空地实际位置在海岸线之外。同年 7 月至 9 月间，渔沣公司雇请他人抽取海沙填到涉案海域，形成沙堆。2016 年 5 月 12 日，乃志公司与渔沣公司签订《土地承包合同转让协议》，乃志公司取得渔沣公司在原合同中的权利。同年 7 月至 9 月间，乃志公司在未依法取得海域使用权的情况下，对其租赁的海边空地（实为海滩涂）利用机械和车辆从外运来泥土、建筑废料进行场地平整，建设临时码头，形成陆域，准备建设冷冻厂。

2017 年 10 月，海洋渔业局对该围海、填海施工行为进行立案查处，测定乃志公司填占海域面积为 0.38 公顷。经听取乃志公司陈述申辩意见，召开听证会，并经两次会审，海洋渔业局作出北海渔处罚〔2017〕09 号行政处罚决定书，对乃志公司作出行政处罚：责令退还非法占用海域，恢复海域原状，并处非法占用海域期间内该海域面积应缴纳海域使用金十五倍计人民币 256.77 万元的罚款。乃志公司不服，提起行政诉讼，请求撤销该行政处罚决定。

北海海事法院于 2018 年 9 月 17 日作出（2018）桂 72 行初 2 号行政判决，驳回原告乃志公司的诉讼请求。宣判后，乃志公司提出上诉。广西壮族自治区高级人民法院于 2019 年 6 月 26 日作出（2018）桂行终 1163 号行政判决：驳回上诉，维持原判。

法院生效裁判认为：乃志公司占用的海边空地在海岸线（天然岸线）之外向海一侧，实为海滩涂。其公司使用自有铲车、勾机等机械，从外运来泥土和建筑废料对渔沣公司吹填形成的沙堆进行平整、充实，形成临时码头，并在临时码头西南面新填了部分海域，建造了临时码头北面靠海一侧的沙袋围堰和护岸设施。上述平整填充场地以及围堰护岸等行为，导致海域自然属性改变，形成有效岸线，属于围海、填海行为。乃志公司未取得案涉 0.38 公顷海域的合法使用权，在该区域内进行围海、填海，构成非法围海、填海。

渔沣公司与乃志公司均在案涉海域进行了一定的围海、填海活动，但二者的违法行为具有可分性和独立性，并非共同违法行为。首先，渔沣公司与乃志公司既无共同违法的意思联络，亦非共同实施违法行为。从时间上分析，渔沣公司系于 2013 年 7 月至 9 月间雇请他人抽取海沙填到涉案海域，形成沙堆。而乃志公司系于 2016 年 5 月 12 日通过签订转让协议的方式取得渔沣公司在原合同中的权利，并于 2016 年 7 月至 9 月间对涉案海域进行场地平整，建设临时码头，形成陆域。二者进行围海、填海活动的时间间隔较远，相互独立，并无彼此配合的情形。其次，渔沣公司与乃志公司的违法性质不同。渔沣公司仅是抽取海沙填入涉案海域，形成沙堆，其行为违法程度较轻。而乃志公司已对涉案海域进行了围堰和场地平整，并建设临时码头，形成了陆域，其行为违法情节更严重，性质更为恶劣。最后，渔沣公司与乃志公司的行为所造成的损害后果不同。渔沣公司的行为尚未完全改变涉案海域的海洋环境，而乃志公司对涉案海域进行围堰及场地平整，设立临时码头，形成了陆域，其行为已完全改变了涉案海域的海洋生态环境，构成了非法围海、填海，损害后果更为严重。海洋渔业局认定乃志公司与渔沣公司的违法行为相互独立并分别立案查处，有事实及法律依据，并无不当。乃志公司主张海洋渔业局存在选择性执法，以及渔沣公司应当与其共同承担责任的抗辩意见不能成立。

乃志公司被查处后并未主动采取措施减轻或消除其围海、填海造地的危害后果，不存在从轻或减轻处罚的情形，故乃志公司主张从轻或减轻行政处罚，缺乏法律依据。乃志公司平整和围填涉案海域，占填海域面积为0.38公顷，其行为改变了该海域的自然属性，形成陆域，对近海生态造成不利影响。海洋渔业局依据《海域使用管理法》第四十二条规定的“处非法占用海域期间内该海域面积应缴纳的海域使用金十倍以上二十倍以下的罚款”，决定按十五倍处罚，未违反行政处罚法关于行政处罚适用的相关规定，符合中国海监总队《关于进一步规范海洋行政处罚裁量权行使的若干意见》对于行政处罚幅度中的一般处罚，并非从重处罚，作出罚款人民币256.77万元的处罚决定，认定事实清楚，适用法律并无不当。

相关规定

《治安管理处罚法》第19条、第20条；《公安机关办理行政案件程序规定》第159条；《价格违法行为行政处罚规定》第17条；《安全生产违法行为行政处罚办法》第55条、第56条

第三十三条 不予处罚的条件

违法行为轻微并及时改正，没有造成危害后果的，不予行政处罚。初次违法且危害后果轻微并及时改正的，可以不予行政处罚。

当事人有证据足以证明没有主观过错的，不予行政处罚。法律、行政法规另有规定的，从其规定。

对当事人的违法行为依法不予行政处罚的，行政机关应当对当事人进行教育。

● 条文注释

不予处罚，是指行政主体依照法律、法规的规定，因为有法定事由存在，对本应给予处罚的违法行为人免除对其适用行政处罚。

初次违法，是指当事人第一次实施违法行为 。如果当事人存在多次违法的情况，即便违法行为轻微、及时纠正且没有危害后果，行政机关一般也不能不予行政处罚。

● 相关案例索引

水务公司与某市生态环境局等行政处罚及行政复议案（《最高人民法院公报》2023 年第 10 期）

环境行政处罚应贯彻过罚相当原则，结合违法原因、违法情节、主观过错、危害程度以及改正情况等因素，作出与违法行为的性质、情节以及社会危害程度相当的处罚。对于相对人主观无过错情况下实施的、没有造成危害的未验收先运营行为，且处罚前已经竣工验收合格的，行政机关不应予以行政处罚。

● 相关规定

《治安管理处罚法》第 21 条；《公安机关办理行政案件程序规定》第 157 条、第 158 条

第三十四条 行政处罚裁量基准

行政机关可以依法制定行政处罚裁量基准，规范行使行政处罚裁量权。行政处罚裁量基准应当向社会公布。

● 条文注释

行政裁量是行政主体在适用法律规范裁断个案时由于法律规范与案件事实之间的差异而享有的由类推法律要件、补充法律要件进而确定法

律效果的自由，简言之，行政机关有事实裁量和效果裁量两类裁量权。

行政机关实施行政管理，应当遵循公平、公正的原则。要平等地对待行政管理相对人，不偏私、不歧视。行使自由裁量权应当符合法律目的，排除不相关因素的干扰；所采取的措施和手段应当必要、适当；行政机关实施行政管理可以采用多种方式实现行政目的的，应当避免采用损害当事人权益的方式。

第三十五条 刑罚的折抵

违法行为构成犯罪，人民法院判处拘役或者有期徒刑时，行政机关已经给予当事人行政拘留的，应当依法折抵相应刑期。

违法行为构成犯罪，人民法院判处罚金时，行政机关已经给予当事人罚款的，应当折抵相应罚金；行政机关尚未给予当事人罚款的，不再给予罚款。

条文注释

行政处罚案件实施过程中，违法行为构成犯罪的，应当中止行政处罚程序，根据《行政执法机关移送涉嫌犯罪案件的规定》等规定及时移送。

本条的目的是避免同一违法行为受到两次评价，这是广义的“一事不二罚”，或者是“禁止双重评价”。拘役或者有期徒刑、行政拘留都属于人身自由方面的惩戒，可以一日折抵一日，罚款和罚金也可以直接折抵。

典型案例

铜仁市万山区人民检察院诉铜仁市万山区林业局不履行林业行政管理职责行政公益诉讼案（最高人民法院指导性案例211号）

2014年4月，被告人沈中祥投资设立一人公司武陵农木业公司并任法定代表人。2014 年 5 月至 7 月，该公司以修建种植、养殖场为由，在没有办理林地使用许可手续的情况下，雇用施工队使用挖掘机械在贵州省铜仁市万山区茶店街道梅花村隘口山组及万山区大坪乡大坪村马鞍山等处林地剥离地表植被进行挖掘，致使地表植被毁坏，山石裸露。经鉴定，毁坏林地 276.17 亩，其中重点公益林 49.38 亩，一般公益林 72.91 亩，重点商品林 108.93 亩，一般商品林 44.95 亩。涉案公益林功能设定为水土保持和水源涵养。本案一审审理时，被毁坏林地部分新植马尾松苗，苗木低矮枯黄，地表干涸破碎；水源涵养公益林部分未作任何处理，山岩裸露，碎石堆积，形如戈壁。

2015 年 1 月，铜仁市万山区林业局（以下简称万山区林业局）以上述行为涉嫌构成非法占用农用地罪移送铜仁市公安局万山分局，但公安机关立案侦查后作撤案处理。万山区林业局遂对沈中祥和武陵农木业公司作出行政处罚决定：责令限期恢复原状（未载明期限），并处罚款 1841134 元，但被处罚人均未履行。2016 年 1 月 20 日，铜仁市公安局万山分局重新立案侦查。次日，万山区林业局撤销上述行政处罚决定。2016 年 12 月，铜仁市万山区人民法院以（2016）黔 0603 刑初 67 号刑事判决，认定被告人沈中祥犯非法占用农用地罪，判处有期徒刑二年，并处罚金人民币五万元。判决生效后，铜仁市万山区人民检察院向万山区林业局发出检察建议，建议其依法履行森林资源保护监管职责，责令沈中祥限期恢复原状，按每平方米 10 元至 30 元并处罚款。万山区林业局书面回复，因沈中祥在服刑，公司倒闭，人员解散，无法实施复绿；林业局拟部分复绿造林，对其中难以复绿造林地块异地补植复绿；按一事不再罚原则不予罚款处罚。

检察机关以万山区林业局既未对沈中祥作出行政处罚，也未采取有效措施予以补植复绿，没有履行生态环境监管职责，导致林地被破坏的状态持续存在，当地生态环境遭受严重破坏为由提起行政公益诉讼，请求确认万山区林业局未依法履行监管职责的行为违法并判令其依法履行环境保护监管职责。

贵州省遵义市播州区人民法院于2017年9月29日作出（2017）黔0321行初97号行政判决：由被告铜仁市万山区林业局对沈中祥以铜仁市万山区武陵农木业生产开发有限公司名义毁坏铜仁市万山区茶店街道梅花村隘口山组、大坪乡大坪村马鞍山林地补植复绿恢复原状依法履行监督管理法定职责，并限期完成复绿工程验收。宣判后，双方均未上诉，判决发生法律效力。

法院生效裁判认为：

一、万山区林业局未依法履行职责

万山区林业局作为万山区人民政府林业行政主管部门，依照《中华人民共和国森林法》（2009年修改）第十条规定，负责对万山区行政区域内森林资源保护、利用、更新的监督管理。万山区林业局应当依法履行职责，对违反林业管理法律、法规占用、毁坏森林资源、改变林地用途的行为依法查处。依照《中华人民共和国森林法》（2009年修改）第四十四条的规定，责令违法行为人停止违法行为并按法律规定补种树木，违法行为人拒不补种或者补种不符合国家有关规定的，由林业主管部门代为补种，所需费用向违法行为人追偿，但是万山区林业局未依法履行职责。

二、公安机关立案侦查后，万山区林业局撤销行政处罚的决定违法

违法行为人的同一行为既违反行政法应受行政处罚，又触犯刑法应受刑罚处罚的情形下，行政执法机关在将案件移送司法机关之前已经作出的行政处罚，折抵相同功能的刑罚。依照《中华人民共和国行

政处罚法》（2017年修正）第二十八条“违法行为构成犯罪，人民法院判处拘役或者有期徒刑时，行政机关已经给予当事人行政拘留的，应当依法折抵相应刑期。违法行为构成犯罪，人民法院判处罚金时，行政机关已经给予当事人罚款的，应当折抵相应罚金”，《行政执法机关移送涉嫌犯罪案件的规定》第十一条第三款“行政执法机关向公安机关移送涉嫌犯罪案件前，已经依法给予当事人罚款的，人民法院判处罚金时，依法折抵相应罚金”的规定，这种折抵是执行上的折抵，而不是处罚决定本身的折抵，且仅折抵惩罚功能相同的处罚，功能不同的处罚内容不能折抵。因此，在刑事侦查立案前已经作出的行政处罚不应撤销。万山区林业局在将涉嫌犯罪的行政违法行为移送公安机关，公安机关立案后万山区林业局又撤销其在先已经作出的行政处罚决定时，不但撤销了与刑事裁判可能作出的罚金刑功能相同的罚款处罚，还一并撤销了不属于刑罚处罚功能的责令违法行为人补植复绿以恢复原状的行政处罚。万山区林业局这一撤销行为违反了法律规定。

三、刑事判决生效后，万山区林业局未责令违法行为人恢复被毁坏林地的行为违法

对刑事判决未涉及的处罚事项，行政机关在刑事判决生效后应作出行政处罚决定。责令犯罪人补植复绿以修复环境，不属于刑罚处罚范畴，而属于法律赋予行政主管机关的行政权，属于行政处罚范围。刑事判决生效后，在先没有作出行政处罚的，刑事判决生效后，行政机关不得基于同一行为作出与刑罚功能相同的行政处罚。在对违法行为人追究刑事责任后，刑罚处罚未涉及环境修复责任的，行政机关应当依法作出决定，责令违法行为人按森林法要求种植树木、修复环境。因此，万山区林业局在刑事判决生效后应当依法作出责令违法行为人履行补植复绿义务的行政处罚决定并监督违法行为人履行，违法

行为人拒不履行或者履行不合格的，应当代为补植复绿，并责令违法行为人承担费用。被告万山区林业局未作出责令沈中祥及武陵农木业公司补植复绿以恢复原状并监督履行的行为违法。

四、万山区林业局未履行代为补植复绿职责

特殊功能区生态环境被破坏的，原则上应当原地修复。修复义务人或者代履行人主张异地修复，但不能证明原地修复已不可能或者没有必要的，人民法院不予支持。万山区林业局在未作出责令违法行为人修复环境决定的情形下，会同乡镇人民政府等在被毁坏的林地上种植了部分树苗，但效果较差，没有保证成活率，没有达到环境修复的目的。且对于毁坏严重，形同戈壁的土地未进行治理复绿。鉴于被毁坏林地及林木的公益林性质和水源涵养、水土保持功能，补植复绿应当就地进行，不得异地替代。万山区林业局代为补植树木的行为，虽已部分履行职责，但尚未正确、全面履行，仍应继续履行。

相关规定

《治安管理处罚法》第92条；《行政执法机关移送涉嫌犯罪案件的规定》第11条

第三十六条 处罚的时效

违法行为在二年内未被发现的，不再给予行政处罚；涉及公民生命健康安全、金融安全且有危害后果的，上述期限延长至五年。法律另有规定的除外。

前款规定的期限，从违法行为发生之日起计算；违法行为有连续或者继续状态的，从行为终了之日起计算。

典型案例

杨某诉某市证券局证券行政处罚案（上海市高级人民法院 2020 年第一批参考性案例第 91 号[①]）

2013 年 1 月 18 日至 2016 年 9 月 12 日，原告杨某在某证券公司营业部任总经理。尹某系杨某的母亲。在上述期间内，杨某实际控制并使用"尹某"账户进行证券交易，其间先后交易"鼎×股份"等股票，累计买入股票成交金额 3.01 亿余元，累计卖出股票成交金额 3.17 亿余元，期末仍持有"同方股份"股票 151000 股，已卖出股票累计盈利 1433.96 万余元。

由于"尹某"账户涉嫌在"鼎×股份"停牌前大量净买入该股，交易行为异常，2015 年 7 月 20 日，中国证监会稽查局向某市证监局下发《关于请调查"鼎×股份"异常交易案的函》，请求某市证监局调查"鼎×股份"异常交易案，并在函中附件载明如发现相关违法违规事项，一并调查，以及"尹某"的相关账户属于可疑账户。经对"尹某"资金账户、信用金账户的开户及交易、银行账户等信息进行调查，2016 年 2 月 18 日，某市证监局向杨某发出《调查通知书》并于当日送达杨某，同时对杨某进行了询问。2016 年 10 月 28 日，某市证监局对杨某违法买卖股票案予以立案。2016 年 11 月 7 日，中国证监会对某市证监局就杨某违法买卖股票案的立案报备情况书面表示无异议。2017 年 7 月 27 日，某市证监局对杨某作出《行政处罚事先告知书》，告知其拟作出处罚的事实、理由、依据。2017 年 8 月 7 日，杨某在签收上述告知书后，即向某市证监局提出需要陈述和申辩、要求举行听证会。2017 年 9 月 13 日，杨某向某市证监局提出管辖权异

① 上海高院研究室：《上海市高级人民法院 2020 年第一批参考性案例（总第十一批，第 86—91 号）》，载微信公众号"中国上海司法智库"2020 年 6 月 3 日，2023 年 11 月 5 日访问。

议。2017年9月20日，某市证监局举行听证，听取了杨某的陈述和申辩。2017年12月13日，某市证监局作出了被诉处罚决定，认定杨某作为证券从业人员，控制并使用尹某账户实施买卖股票的行为，违反了《证券法》第四十三条的规定，构成了《证券法》第一百九十九条所述的违法行为。根据杨某违法行为的事实、性质、情节与社会危害程度，某市证监局依据《证券法》第一百九十九条的规定，责令杨某依法处理非法持有的剩余股票，没收已获违法所得1433.96万余元，并处以4301.88万余元罚款。杨某于2018年1月1日收到被诉决定后不服，遂起诉，请求撤销被诉行政处罚决定。

一审法院于2018年9月5日作出（2018）沪0115行初246号行政判决：驳回杨某的全部诉讼请求。

一审判决后，杨某不服，提起上诉。二审法院于2019年2月25日作出（2018）沪74行终8号行政判决，判决驳回上诉，维持原判。

法院生效裁判认为，本案主要有如下争议焦点：1. 某市证监局对杨某作出被诉处罚决定是否超过法定的追诉时效；2. 被诉处罚决定认定杨某实际控制并使用“尹某”账户进行违法证券交易证据是否充分；3. 被诉处罚决定认定杨某违法所得及科以罚款数额是否合法、合理。

关于某市证监局对杨某作出被诉处罚决定是否超过行政处罚的法定追诉时效，法院认为根据《行政处罚法》第二十九条第二款规定，违法行为具有连续或继续状态的，以行为终了之日起计算。本案中，杨某主张其违法行为已经结束，但根据某市证监局所举证据证明，杨某截至2015年6月仍在违法操作“尹某”账户，故某市证监局于2016年对本案进行调查，并未超过作出行政处罚的法定追诉时效。

关于被诉处罚决定认定杨某实际控制并操作其母“尹某”账户进

行违法证券交易证据是否充分，根据《证券法》第一百九十九条规定，法律、行政法规规定禁止参与股票交易的人员，直接或者以化名、借他人名义持有、买卖股票的，责令依法处理非法持有的股票，没收违法所得，并处以买卖股票等值以下的罚款；属于国家工作人员的，还应当依法给予行政处分。在行政处罚和审判实践中，的确存在如何认定"违法借用他人名义持有、操作股票"的难题。本案中，即存在着杨某是否利用并操纵其母账户"炒股"的违法行为，以及"尹某"账户是否由杨某完全操作的事实认定问题。法院通过审查某市证监局所提供证据后认为，"尹某"证券账户交易中，来自杨某手机以及杨某所在证券营业部电脑下单的比例约为95%，该证券账户对应的第三方存管银行账户交易也有80%以上与杨某手机及所在营业部电脑访问有关。"尹某"证券账户相关网银账户资金也系来源于杨某，且账户资金也由杨某消费使用；此外，杨某对"尹某"账户资金来源，手机、电脑下单情况，账户操作主体的表述，与尹某等人在询问笔录中相关表述存在明显矛盾。某市证监局据此综合分析后认为，杨某系"尹某"账户操作主体，具有合理性。杨某虽否认该事实，但截至本案二审，亦未能明确、清晰地举证证明其并非"尹某"账户的操作主体。此外，根据本案事实，"尹某"证券账户已有超过3亿元人民币的巨额交易，但尹某自述其证券账户由其好友儿子操作，该好友之子自小她便认识，但不知其姓名，这也与常理明显相悖。通过对以上电子证据的分析和认定，可以认定仅杨某系"尹某"账户操作主体。

关于认定杨某违法所得及对杨某科以罚款的数额是否准确合理，法院认为，在针对违法"炒股"行为进行行政处罚，难点还在于如何认定特定时间段内的违法所得，以及确定罚款的具体金额。针对如何确定违法所得的计算时间段，某市证监局自“尹某”账户开户时间始，截止至向证券交易所发函，要求证券交易所计算“尹某”账户违法所得之日止，计算该段时间内该账户获利情况及违法所得，具有合理性。针对罚款金额如何确定，行政主体有权在法律法规已有规定，但规定的范围、种类、数额等有一定选择余地或一定幅度的情况下，根据具体情况作出适当决定。《证券法》第一百九十九条赋予了证券监管执法机关的行政裁量权。某市证监局根据杨某违法行为性质及情节，确定对杨某处以罚款的数额，对此法院认为并无不当。

相关规定

《治安管理处罚法》第22条；《税收征收管理法》第86条

第三十七条　法不溯及既往

实施行政处罚，适用违法行为发生时的法律、法规、规章的规定。但是，作出行政处罚决定时，法律、法规、规章已被修改或者废止，且新的规定处罚较轻或者不认为是违法的，适用新的规定。

条文注释

法律不溯及既往原则是基本原则。本条采用从旧兼从轻原则，即原则上适用旧法，但新法对行为人有利时，适用新法，体现了对当事人权益的保障。

第三十八条　行政处罚的无效

行政处罚没有依据或者实施主体不具有行政主体资格的，行政处罚无效。

违反法定程序构成重大且明显违法的，行政处罚无效。

● *条文注释*

行政机关必须在本机关职权范围内实施，超出自己机关的职权实施行政处罚的，行为是无效的。行政机关之外的其他组织，应当是具有法律、行政法规、地方性法规的授权。除了以上按照职权执法之外，还有委托执法，受委托组织也可以以委托主体的名义开展执法。

程序影响行政处罚行为效力的限度是“重大且明显违法”。《行政诉讼法》第75条规定：“行政行为有实施主体不具有行政主体资格或者没有依据等重大且明显违法情形，原告申请确认行政行为无效的，人民法院判决确认无效。”第76条规定：“人民法院判决确认违法或者无效的，可以同时判决责令被告采取补救措施；给原告造成损失的，依法判决被告承担赔偿责任。”此外，第74条规定，行政行为程序轻微违法，但对原告权利不产生实际影响的，人民法院不撤销行政行为。

第五章　行政处罚的决定

第一节　一般规定

第三十九条　信息公示

行政处罚的实施机关、立案依据、实施程序和救济渠道等信息应当公示。

● *条文注释*

行政执法机关要统筹推进行政执法事前公开与政府信息公开、权责清单公布、“双随机、一公开”监管等工作。全面、准确、及时、主动公开行政执法主体、人员、职责、权限、依据、程序、救济渠道和随机抽查事项清单等信息。根据有关法律法规，结合自身职权职责，编制并公开本机关的服务指南、执法流程图，明确执法事项名称、受理机构、审批机构、受理条件、办理时限等内容。公开的信息要简明扼要、通俗易懂，并及时根据法律法规及机构职能变化情况进行动态调整。

第四十条 处罚的前提

公民、法人或者其他组织违反行政管理秩序的行为，依法应当给予行政处罚的，行政机关必须查明事实；违法事实不清、证据不足的，不得给予行政处罚。

● ***相关规定***

《治安管理处罚法》第 93 条

第四十一条 电子技术监控设备的适用

行政机关依照法律、行政法规规定利用电子技术监控设备收集、固定违法事实的，应当经过法制和技术审核，确保电子技术监控设备符合标准、设置合理、标志明显，设置地点应当向社会公布。

电子技术监控设备记录违法事实应当真实、清晰、完整、准确。行政机关应当审核记录内容是否符合要求；未经审核或者经审核不符合要求的，不得作为行政处罚的证据。

行政机关应当及时告知当事人违法事实，并采取信息化手段或者其他措施，为当事人查询、陈述和申辩提供便利。不得限制或者变相限制当事人享有的陈述权、申辩权。

条文注释

设定电子技术监控设备必须经过法制和技术审核。实践中，注意与本法第 50 条关于国家秘密、商业秘密和个人隐私的保密规定结合起来适用。《民法典》第 1039 条规定："国家机关、承担行政职能的法定机构及其工作人员对于履行职责过程中知悉的自然人的隐私和个人信息，应当予以保密，不得泄露或者向他人非法提供。"

相关规定

《民法典》第 1039 条

第四十二条 执法人员要求

行政处罚应当由具有行政执法资格的执法人员实施。执法人员不得少于两人，法律另有规定的除外。

执法人员应当文明执法，尊重和保护当事人合法权益。

第四十三条 回避

执法人员与案件有直接利害关系或者有其他关系可能影响公正执法的，应当回避。

当事人认为执法人员与案件有直接利害关系或者有其他关系可能影响公正执法的，有权申请回避。

当事人提出回避申请的，行政机关应当依法审查，由行政机关负责人决定。决定作出之前，不停止调查。

实用问答

问：需要回避的情形具体包括哪些？

答：回避是程序正当的基本要求。行政机关工作人员履行职责，与行政管理相对人存在利害关系时，应当回避。应当回避而没有回避的，应当适用本法第 38 条的规定，行政处罚无效。

回避的情形包括行政执法人员是当事人或者代理人的配偶、父母、子女、兄弟姐妹、祖父母、外祖父母、孙子女、外孙子女等近亲属，伯叔姑舅姨、兄弟姐妹、堂兄弟姐妹、表兄弟姐妹、侄子女、甥子女等三代以内旁系血亲关系，朋友、同学等其他关系密切人员，以及与本案有利益冲突等可能影响公正执法的人员。

第四十四条 行政机关的告知义务

行政机关在作出行政处罚决定之前，应当告知当事人拟作出的行政处罚内容及事实、理由、依据，并告知当事人依法享有的陈述、申辩、要求听证等权利。

条文注释

根据本条的规定，行政机关应当告知当事人如下事项：（1）拟作出的行政处罚内容及事实、理由这种事实必须清楚、明确，而且必须有相应的证据证明。（2）拟作出的行政处罚的依据。即行政机关是根据哪一部法律、法规、规章的哪些具体规定作出行政处罚的。（3）当事人依法享有的权利。按照本法规定，当事人有如下权利：①陈述权和包括听证在内的申辩权。当事人可以陈述自己的理由，依法要求举行听证会，就事实和法律的适用等为自己申辩。②申请行政复议或提起行政诉讼的权利。③要求行政赔偿的权利。公民、法人或者其他组织因行政机关违法给予行政处罚受到损害的，有权依法获得赔偿。

第四十五条 当事人的陈述权和申辩权

当事人有权进行陈述和申辩。行政机关必须充分听取当事人的意见，对当事人提出的事实、理由和证据，应当进行复核；当事人提出的事实、理由或者证据成立的，行政机关应当采纳。

行政机关不得因当事人陈述、申辩而给予更重的处罚。

条文注释

陈述、申辩、要求听证等是当事人的权利，当事人可以放弃。陈述、申辩过程中，当事人提出的实施、理由和证据成立的，行政机关要予以采纳。为了保护当事人充分行使陈述权、申辩权，本条规定了“陈述、申辩不加罚”，类似于刑事诉讼过程中的“上诉不加刑”。

相关规定

《治安管理处罚法》第94条；《道路交通安全法实施条例》第110条

第四十六条 证据

证据包括：

（一）书证；

（二）物证；

（三）视听资料；

（四）电子数据；

（五）证人证言；

（六）当事人的陈述；

（七）鉴定意见；

（八）勘验笔录、现场笔录。

证据必须经查证属实，方可作为认定案件事实的根据。
以非法手段取得的证据，不得作为认定案件事实的根据。

实用问答

1. 问：如何理解视听资料？

答：视听资料，是指运用录音、录像等科学技术手段记录下来的有关案件事实和材料，如用手机录制的当事人的谈话、拍摄的当事人形象及活动等。结合《最高人民法院关于行政诉讼证据若干问题的规定》第 12 条规定，行政机关用以证明案件事实的录音、录像等视听资料，应当符合下列要求：（1）提供有关资料的原始载体，提供原始载体确有困难的，可以提供复制件；（2）注明制作方法、制作时间、制作人和证明对象等；（3）声音资料应当附有该声音内容的文字记录。难以识别是否经过修改的视听资料，不能单独作为定案依据。同时，行政机关利用电子技术监控设备形成的视听资料，还应符合本法第 41 条的相关规定。

2. 问：如何理解电子数据？

答：电子数据，是指以数字化形式存储、处理、传输的数据。《最高人民法院关于民事诉讼证据的若干规定》第 14 条规定，电子数据包括下列信息、电子文件：（1）网页、博客、微博客等网络平台发布的信息；（2）手机短信、电子邮件、即时通信、通讯群组等网络应用服务的通信信息；（3）用户注册信息、身份认证信息、电子交易记录、通信记录、登录日志等信息；（4）文档、图片、音频、视频、数字证书、计算机程序等电子文件；（5）其他以数字化形式存储、处理、传输的能够证明案件事实的信息。

3. 问：如何理解“以非法手段取得的证据”？

答：根据《最高人民法院关于适用〈中华人民共和国行政诉讼法〉的解释》第43条的规定，有下列情形之一的，属于“以非法手段取得的证据”：(1) 严重违反法定程序收集的证据材料；(2) 以违反法律强制性规定的手段获取且侵害他人合法权益的证据材料；(3) 以利诱、欺诈、胁迫、暴力等手段获取的证据材料。

相关规定

《最高人民法院关于行政诉讼证据若干问题的规定》；《最高人民法院关于民事诉讼证据的若干规定》

第四十七条 行政处罚全过程记录

行政机关应当依法以文字、音像等形式，对行政处罚的启动、调查取证、审核、决定、送达、执行等进行全过程记录，归档保存。

条文注释

行政执法全过程记录是行政执法活动合法有效的重要保证。行政执法机关要通过文字、音像等记录形式，对行政执法的启动、调查取证、审核决定、送达执行等全部过程进行记录，并全面系统归档保存，做到执法全过程留痕和可回溯管理。

文字记录是以纸质文件或电子文件形式对行政执法活动进行全过程记录的方式。主要包括对行政处罚程序的立案审批、调查取证、行政处罚事先告知书、听证告知书、听证笔录、鉴定意见、法制审核过程、处罚决定、文书送达过程等的记录。

音像记录是通过照相机、录音机、摄像机、执法记录仪、视频监控等记录设备，实时对行政执法过程进行记录的方式。行政机关应建立健全执法音像记录管理制度，明确执法音像记录的设备配备、使用规范、记录要素、存储应用、监督管理等要求。

相关规定

《公安机关办理行政案件程序规定》第 52 条

第四十八条 行政处罚决定公示制度

具有一定社会影响的行政处罚决定应当依法公开。

公开的行政处罚决定被依法变更、撤销、确认违法或者确认无效的，行政机关应当在三日内撤回行政处罚决定信息并公开说明理由。

相关规定

《自然资源行政处罚办法》第 40 条；《政府信息公开条例》第 23~25 条

第四十九条 突发事件应对

发生重大传染病疫情等突发事件，为了控制、减轻和消除突发事件引起的社会危害，行政机关对违反突发事件应对措施的行为，依法快速、从重处罚。

条文注释

突发事件是指突然发生，造成或者可能造成严重社会危害，需要采取应急处置措施予以应对的自然灾害、事故灾难、公共卫生事件和社会安全事件。按照社会危害程度、影响范围等因素，自然灾害、事故灾难、公共卫生事件分为特别重大、重大、较大和一般四级。在此状态下，“快速、从重处罚”的目的是减轻社会危害后果，充分发挥行政处罚的矫正和预防功能。

● *相关规定*

《突发事件应对法》；《传染病防治法》

第五十条 保密义务

行政机关及其工作人员对实施行政处罚过程中知悉的国家秘密、商业秘密或者个人隐私，应当依法予以保密。

● *相关规定*

《民法典》第1032条、第1034条、第1039条；《保守国家秘密法》第2条、第9条；《反不正当竞争法》第9条；《最高人民法院关于审理侵犯商业秘密民事案件适用法律若干问题的规定》第1条、第5条

第二节 简易程序

第五十一条 当场处罚的情形

违法事实确凿并有法定依据，对公民处以二百元以下、对法人或者其他组织处以三千元以下罚款或者警告的行政处罚的，可以当场作出行政处罚决定。法律另有规定的，从其规定。

● *典型案例*

贝汇丰诉海宁市公安局交通警察大队道路交通管理行政处罚案（最高人民法院指导案例90号）

原告贝汇丰诉称：其驾驶浙F1158J汽车（以下简称案涉车辆）靠近人行横道时，行人已经停在了人行横道上，故不属于“正在通过

人行横道”。而且，案涉车辆经过的西山路系海宁市主干道路，案发路段车流很大，路口也没有红绿灯，如果只要人行横道上有人，机动车就停车让行，会在很大程度上影响通行效率。所以，其可以在确保通行安全的情况下不停车让行而直接通过人行横道，故不应该被处罚。海宁市公安局交通警察大队（以下简称海宁交警大队）作出的编号为3304811102542425的公安交通管理简易程序处罚决定违法。贝汇丰请求：撤销海宁交警大队作出的行政处罚决定。

被告海宁交警大队辩称：行人已经先于原告驾驶的案涉车辆进入人行横道，而且正在通过，案涉车辆应当停车让行；如果行人已经停在人行横道上，机动车驾驶人可以示意行人快速通过，行人不走，机动车才可以通过；否则，构成违法。对贝汇丰作出的行政处罚决定事实清楚，证据确实充分，适用法律正确，程序合法，请求判决驳回贝汇丰的诉讼请求。

法院经审理查明：2015年1月31日，贝汇丰驾驶案涉车辆沿海宁市西山路行驶，遇行人正在通过人行横道，未停车让行。海宁交警大队执法交警当场将案涉车辆截停，核实了贝汇丰的驾驶员身份，适用简易程序向贝汇丰口头告知了违法行为的基本事实、拟作出的行政处罚、依据及其享有的权利等，并在听取贝汇丰的陈述和申辩后，当场制作并送达了公安交通管理简易程序处罚决定书，给予贝汇丰罚款100元，记3分。贝汇丰不服，于2015年2月13日向海宁市人民政府申请行政复议。3月27日，海宁市人民政府作出行政复议决定书，维持了海宁交警大队作出的处罚决定。贝汇丰收到行政复议决定书后于2015年4月14日起诉至海宁市人民法院。

浙江省海宁市人民法院于2015年6月11日作出（2015）嘉海行初字第6号行政判决：驳回贝汇丰的诉讼请求。宣判后，贝汇丰不服，提起上诉。浙江省嘉兴市中级人民法院于2015年9月10日作出（2015）浙嘉行终字第52号行政判决：驳回上诉，维持原判。

法院生效裁判认为：首先，人行横道是行车道上专供行人横过的通道，是法律为行人横过道路时设置的保护线，在没有设置红绿灯的道路路口，行人有从人行横道上优先通过的权利。机动车作为一种快速交通运输工具，在道路上行驶具有高度的危险性，与行人相比处于强势地位，因此必须对机动车在道路上行驶时给予一定的权利限制，以保护行人。其次，认定行人是否“正在通过人行横道”应当以特定时间段内行人一系列连续行为为标准，而不能以某个时间点行人的某个特定动作为标准，特别是在该特定动作不是行人在自由状态下自由地做出，而是由于外部的强力原因迫使其不得不做出的情况下。案发时，行人以较快的步频走上人行横道线，并以较快的速度接近案发路口的中央位置，当看到贝汇丰驾驶案涉车辆朝自己行走的方向驶来，行人放慢了脚步，以确认案涉车辆是否停下来，但并没有停止脚步，当看到案涉车辆没有明显减速且没有停下来的趋势时，才为了自身安全不得不停下脚步。如果此时案涉车辆有明显减速并停止行驶，则行人肯定会连续不停止地通过路口。可见，在案发时间段内行人的一系列连续行为充分说明行人“正在通过人行横道”。再次，机动车和行人穿过没有设置红绿灯的道路路口属于一个互动的过程，任何一方都无法事先准确判断对方是否会停止让行，因此处于强势地位的机动车在行经人行横道遇行人通过时应当主动停车让行，而不应利用自己的强势迫使行人停步让行，除非行人明确示意机动车先通过，这既是法律的明确规定，也是保障作为弱势一方的行人安全通过马路、减少交通事故、保障生命安全的现代文明社会的内在要求。综上，贝汇丰驾驶机动车行经人行横道时遇行人正在通过而未停车让行，违反了《中华人民共和国道路交通安全法》第四十七条的规定。海宁交警大队根据贝汇丰的违法事实，依据法律规定的程序在法定的处罚范围内给予相应的行政处罚，事实清楚，程序合法，处罚适当。

（一）人民检察院办理行政非诉执行监督案件，对于不具有行政强制执行权的行政机关依法申请人民法院强制执行，人民法院不予受理的，人民检察院应当依法进行监督。行政强制执行由法律设定。法律没有授权行政机关强制执行的，作出行政决定的行政机关应当申请人民法院强制执行，人民法院应当受理、审查并依法作出是否准予执行的裁定。土地管理法和城乡规划法实现的行政管理目的不同，关于法律责任的具体规定也有区别。土地管理法主要针对的是违法占地行为，城乡规划法主要针对的是“未取得建设工程规划许可证或者未按照建设工程规划许可证进行建设”的违法行为。土地管理法未授权自然资源主管部门强制拆除违法占地建筑物的执行权，因此自然资源主管部门适用土地管理法作出责令强制拆除违法占地建筑物的处罚决定后，占地违法建设行为人逾期不起诉又不自行拆除的，行政机关应当申请人民法院强制执行，而无权自行强制执行。人民检察院发现人民法院对应当受理的强制执行申请不予受理的，应当依法监督纠正。

（二）人民检察院在履行法律监督职责中发现同类案件法律适用错误，可以选择其中几个典型案件进行类案监督，促进同一类案件正确适用法律，并针对影响法律适用的难点问题建立长效机制。人民检察院开展法律监督，应当根据法律适用原则和法律解释方法，准确识别法律规范的真实含义，厘清法律适用争议，通过提出检察建议督促纠正法律适用错误。对一定数量性质相同、适用法律相同的个案存在同类错误的，可以选择几件典型案件作为突破口进行监督；对不采纳监督意见的，可以提请上级检察机关跟进监督，通过纠正典型案件错误为同一类案件纠错确定标准，提升监督效果和效率。加强类案监督成果的运用，主动向党委、人大报告，争取政府支持，提出解决问题的意见和建议，促进各方凝聚共识，形成长效工作机制。

● 相关案例索引

何某诉上海市公安局某分局交通警察支队交通行政处罚案［上海市高级人民法院（2019）沪行终204号行政判决书］

何某主张其至交警办案窗口现场办理时被告知如不勾选“无异议”将无法取得处罚决定书，其对违法行为的认定存在异议，不应适用简易程序。对此，法院认为交通违法处理程序分为简易程序和一般程序。简易程序一般适用于当场处罚情形，对于交通管理部门通过电子警察执法方式发现违法行为，违法行为人到交警窗口接受处理，并未提出异议的情形，事实上视作当场处罚，适用简易程序处理，符合电子警察执法方式的特点，并无不当。从法律规定而言，简易程序并不以被处罚人无异议为前提，即使违法行为人接受处理时提出异议，只要符合简易程序条件的，公安部门仍然可以适用简易程序，并作出处罚决定书，因此被诉处罚决定按照简易程序作出并无不当。

● 相关规定

《治安管理处罚法》第100条；《道路交通安全法》第107条

第五十二条 当场处罚的程序

执法人员当场作出行政处罚决定的，应当向当事人出示执法证件，填写预定格式、编有号码的行政处罚决定书，并当场交付当事人。当事人拒绝签收的，应当在行政处罚决定书上注明。

前款规定的行政处罚决定书应当载明当事人的违法行为，行政处罚的种类和依据、罚款数额、时间、地点，申请行政复议、提起行政诉讼的途径和期限以及行政机关名称，并由执法人员签名或者盖章。

执法人员当场作出的行政处罚决定，应当报所属行政机关备案。

条文注释

当场作出行政处罚决定的，必须用有号码的格式文书、事后还要备案，送达方式是当场直接送达。执法文书不能省略违法行为，必须告知当事人救济权。

相关规定

《治安管理处罚法》第 101 条；《道路交通安全法实施条例》第 108 条

第五十三条 当场处罚的履行

对当场作出的行政处罚决定，当事人应当依照本法第六十七条至第六十九条的规定履行。

条文注释

本条是关于履行当场作出的行政处罚决定的规定。当事人签收行政处罚决定书后，该行政处罚决定即发生法律效力，当事人应当依法全面履行行政处罚决定确定的义务。本条规定对简易程序作出的行政处罚决定同样应当遵照本法第 67 条、第 68 条、第 69 条的规定，以决定和收缴相分离为原则、以当场收缴为例外。需要指出的是，无论是决定和收缴分离还是当场收缴罚款，行政机关及其执法人员都必须依法出具国务院财政部门或者省、自治区、直辖市人民政府财政部门统一制发的专用票据。不出具财政部门统一制发的专用票据的，当事人有权拒绝缴纳罚款。

第三节 普通程序

第五十四条 调查取证与立案

除本法第五十一条规定的可以当场作出的行政处罚外，行政机关发现公民、法人或者其他组织有依法应当给予行政处罚的行为的，必须全面、客观、公正地调查，收集有关证据；必要时，依照法律、法规的规定，可以进行检查。

符合立案标准的，行政机关应当及时立案。

条文注释

所谓全面，就是要收集所有能够证明行政违法行为的证据，既要收集对当事人可以实施行政处罚的证据，也要收集有利于当事人的证据；既要收集原始证据，也要收集传来证据；既要收集直接证据，也要收集间接证据；既要收集书面证据，也要收集口头证据。

所谓客观，就是从客观实际出发，避免先入为主地去收集证据。

所谓公正，主要是指依法实施行政处罚可能要涉及双方当事人，或者当事人有数个，此时收集证据就要做到公正，不能为偏袒某方而在收集证据上失去公正。

相关规定

《行政诉讼法》第51条；《治安管理处罚法》第79条

第五十五条 出示证件与协助调查

执法人员在调查或者进行检查时，应当主动向当事人或者有关人员出示执法证件。当事人或者有关人员有权要求执法人员出示执法证件。执法人员不出示执法证件的，当事人或者有关人员有权拒绝接受调查或者检查。

当事人或者有关人员应当如实回答询问，并协助调查或者检查，不得拒绝或者阻挠。询问或者检查应当制作笔录。

条文注释

行政执法人员执法必须出示执法证件，以代表国家公权力，各省、自治区、直辖市所属部门执法人员实施行政处罚的，必须持省级政府颁发的执法证件，国务院部门执法人员执法的，需要持本部门颁发的执法证件。

第五十六条 证据收集程序

行政机关在收集证据时，可以采取抽样取证的方法；在证据可能灭失或者以后难以取得的情况下，经行政机关负责人批准，可以先行登记保存，并应当在七日内及时作出处理决定，在此期间，当事人或者有关人员不得销毁或者转移证据。

条文注释

在司法实践中，对先行登记保存证据行为进行审查应注意以下几个方面：一是先行登记保存的证据必须是与违法行为有直接必然关联的证据；二是先行登记保存的证据是行政执法人员收集证据时，在证据可能灭失或者以后难以取得的情况下采取的必要措施，必须具有先行登记保存的必要性；三是证据保存手段应当与证据保存目的相适应，采取适当的手段和方法；四是需要利用涉案物品的实质性特征作为证据，而又不能用其他取证手段代替时，才能对证据先行登记保存，如果可采取询问、拍照、录像、勘验等其他形式收集证明和认定行为人违法事实的证据，就不应采取查封、扣押方式进行先行登记保存；五是是否经行政机关负责人批准，是否在 7 日内作出了相应处理。

第五十七条 处罚决定

调查终结，行政机关负责人应当对调查结果进行审查，根据不同情况，分别作出如下决定：

（一）确有应受行政处罚的违法行为的，根据情节轻重及具体情况，作出行政处罚决定；

（二）违法行为轻微，依法可以不予行政处罚的，不予行政处罚；

（三）违法事实不能成立的，不予行政处罚；

（四）违法行为涉嫌犯罪的，移送司法机关。

对情节复杂或者重大违法行为给予行政处罚，行政机关负责人应当集体讨论决定。

条文注释

人民法院对一般行政处罚案件应当审查是否经过行政机关负责人审查，主要审查是否有行政机关负责人相应的书面审查记录。未经行政机关负责人审查而径行作出行政处罚决定的，该行政处罚决定违法。对复杂、重大的行政处罚案件，应当审查是否经过行政机关负责人集体讨论程序，这里主要审查是否有集体讨论的书面证据。未经行政机关负责人集体讨论，该行政处罚决定构成重大程序违法，依法应予撤销。

相关案例索引

1. 某修船厂诉大连市某区农业农村局行政处罚案［辽宁省高级人民法院（2019）辽行终1320号行政判决书］

被诉行政机关负责人集体讨论，应当有2名以上负责人参加，仅有1名负责人参加案件讨论，意即该案并未经行政机关负责人集体讨论决定，属于程序严重违法。本案被诉行政处罚决定应予撤销。

2. 欣恒公司某营业部诉北京市某区市场监督管理局行政处罚案［北京市第三中级人民法院（2019）京03行终1245号行政判决书］

行政机关据以作出行政处罚的法律条款中未明确规定行为人的主观过错要件，行政调查程序中，若行政相对人能够证明其不具有实施违法行为的主观故意，行政机关作出行政处罚时应予考量，不过问行政相对人主观状态而径行客观归责，作出的行政处罚决定属于法律适用错误，应予撤销。

相关规定

《治安管理处罚法》第95条

第五十八条 法制审核

有下列情形之一，在行政机关负责人作出行政处罚的决定之前，应当由从事行政处罚决定法制审核的人员进行法制审核；未经法制审核或者审核未通过的，不得作出决定：

（一）涉及重大公共利益的；

（二）直接关系当事人或者第三人重大权益，经过听证程序的；

（三）案件情况疑难复杂、涉及多个法律关系的；

（四）法律、法规规定应当进行法制审核的其他情形。

行政机关中初次从事行政处罚决定法制审核的人员，应当通过国家统一法律职业资格考试取得法律职业资格。

条文注释

审核内容包括行政执法主体是否合法，行政执法人员是否具备执法资格；行政执法程序是否合法；案件事实是否清楚，证据是否合法充分；适用法律、法规、规章是否准确，裁量基准运用是否适当；执法是否超越执法机关法定权限；行政执法文书是否完备、规范；违法行为是否涉嫌犯罪、需要移送司法机关等。

相关案例索引

毛某诉某市自然资源局行政处罚案［湖南省湘潭市中级人民法院（2020）湘03行终125号行政判决书］

在行政机关负责人作出决定之前，应当由从事行政处罚决定审核的人员进行审核。行政机关中初次从事行政处罚决定审核的人员，应当通过国家统一法律职业资格考试取得法律职业资格。本案中，行政机关从事法制审核的人员系初次从事行政处罚决定法制审核的人员，且未通过国家统一法律职业资格考试取得法律职业资格，不具有对行政处罚决定法制审核的资格，故行政机关作出的涉案行政处罚决定，违反法定程序。

第五十九条　行政处罚决定书的内容

行政机关依照本法第五十七条的规定给予行政处罚，应当制作行政处罚决定书。行政处罚决定书应当载明下列事项：

（一）当事人的姓名或者名称、地址；

（二）违反法律、法规、规章的事实和证据；

（三）行政处罚的种类和依据；

（四）行政处罚的履行方式和期限；

（五）申请行政复议、提起行政诉讼的途径和期限；

（六）作出行政处罚决定的行政机关名称和作出决定的日期。

行政处罚决定书必须盖有作出行政处罚决定的行政机关的印章。

相关案例索引

陈某诉某市客管中心客运管理行政处罚案（《最高人民法院公报》2018 年第 2 期）

《中华人民共和国行政处罚法》第三十九条第一款第二项规定，行政处罚决定书应当载明违反法律、法规或者规章的事实和证据。上述法律条款虽未对其中的“事实”记载应达到何种程度作出明确规定，但行政处罚决定书作为行政机关对当事人作出处罚的书面证明，记载的事实应当明确具体，包含认定的违法事实的时间、地点、经过、情节等事项，让当事人清楚知晓被处罚的事实依据，以达到警示违法行为再次发生的目的。本案中，行政处罚决定书载明的被上诉人陈某违法事实为“非法经营客运出租汽车”，但未载明被上诉人的具体违法事实，即：违法事实的时间、地点、经过以及相关运输经营行为的具体情节等事项。上述记载事项没有达到明确具体的要求，原审法院认为上诉人济南客运管理中心作出的行政处罚决定书记载事项不符合法律规定，应予撤销，并无不当。此外，行政处罚决定书中记载的事实是行政机关最终认定的违法事实，其他法律文书中对具体违法事实的记载不能代替行政处罚决定书中对事实的记载。上诉人关于已在其他法律文书中记载具体违法事实、未侵犯被上诉人合法权益等主张不能成立。

● *相关规定*

《治安管理处罚法》第96条；《安全生产违法行为行政处罚办法》第30条

第六十条 行政处罚决定作出期限

行政机关应当自行政处罚案件立案之日起九十日内作出行政处罚决定。法律、法规、规章另有规定的，从其规定。

● *典型案例*

黄某诉某市公安局某区分局、某市公安局治安管理行政处罚案

[福建省厦门市集美区人民法院（2019）闽0211行初100号行政判决书]

2018年4月13日14时许，原告黄某与第三人蔡某章、蔡某武、王某等人在某市某区某店面内因拆除排油烟管等问题发生纠纷，并引起双方冲突。后双方报警，某市公安局某区分局（以下简称某公安分局）接警后派民警到达案发现场处。黄某、蔡某武、蔡某章于当日就医，被告某公安分局于当日对蔡某章进行询问并制作询问笔录一份。2018年4月16日，被告某公安分局对黄某、王某进行询问，并制作询问笔录两份。2018年4月18日，被告某公安分局对蔡某武进行询问，并制作询问笔录一份。被告某公安分局分别于2018年5月20日、2018年8月14日、2018年8月25日、2018年9月9日、2018年9月29日、2018年12月14日对第三人蔡某武进行讯问并制作讯问笔录六份。被告某公安分局分别于2018年7月3日、2018年8月14日、2018年8月24日、2018年9月29日、2018年10月30日、2018年12月14日对蔡某章进行讯问并制作讯问笔录六份。2018年12月6日，欧某第一次到案接受某公安分局讯问。此外，被告某公安分局亦对赖某敏、赖某、严某、蔡某梁等人进行询问。

2018年6月11日，某市公安局某派出所委托某市公安局某分局物证鉴定室对蔡某章的伤情进行鉴定，该鉴定所于2018年6月20日出具鉴定书，鉴定结论为蔡某章损伤程度为轻微伤。2018年7月3日，某公安分局将前述鉴定结果对蔡某章及黄某进行告知。2018年8月17日，被告某公安分局因刑事案件办理过程中发现原告涉嫌殴打他人，对原告黄某涉嫌殴打他人一案予以行政立案受理。2018年8月23日，蔡某章、蔡某武作为犯罪嫌疑人被刑事拘留。2018年12月29日，某公安分局对原告黄某进行处罚前告知后作出行政处罚决定书，并于当日向原告黄某送达。此后，某公安分局发现2018年12月29日送达的决定书存在笔误，于2019年1月4日向原告黄某收回原送达的决定书，并于当日重新向原告黄某送达了一份文号相同但内容不完全相同的处罚决定。某公安分局在2019年1月4日送达原告的处罚决定书上载明其查明的事实为："2018年4月13日14时许，违法行为人黄某因拆除排油烟管与蔡某武、蔡某章等人发生纠纷，后黄某多次先行动手殴打蔡某章、蔡某武、王某等人，致蔡某章右唇受伤。经伤情鉴定，蔡某章右唇黏膜损痕0.9cm，评定为轻微伤。"因黄某的行为违反《治安管理处罚法》第四十三条第二款第三项之规定，某公安分局决定对黄某处以行政拘留10日，并处罚款500元。

黄某于2019年1月2日缴纳保证金并向某市公安局提起行政复

议，某市公安局于当日受理。2019 年 2 月 28 日，某市公安局延长该案复议期限，并于 2019 年 3 月 1 日通知黄某。2019 年 3 月 29 日，某市公安局作出厦公复决字〔2019〕011 号《行政复议决定书》，决定维持被告某公安分局作出的厦公思（开元）行罚决字〔2018〕第 00372 号《行政处罚决定书》。

另查明，某市某区人民法院于 2019 年 3 月 20 日作出（2019）闽 0203 刑初 168 号刑事判决书，该判决书查明：2018 年 4 月 13 日 14 时许，蔡某章、蔡某武、欧某等人在某市某区某店面因拆除排油烟管等问题与黄某发生纠纷，引发双方互殴，判决蔡某武、蔡某章、欧某犯故意伤害罪，分别判处蔡某武、蔡某章有期徒刑八个月，判处欧某有期徒刑九个月。该刑事判决书已经发生法律效力。

生效裁判认为：本案的争议焦点在于：被告某公安分局作出的案涉行政处罚决定程序是否合法。

公安机关依法管理社会治安，行使国家行政权的同时又依法侦查刑事案件，行使国家的司法权，具有行政和司法的双重职能。本案属于一次冲突分别引发刑事责任与行政责任的情形。某公安分局在侦查前述刑事案件中发现原告黄某涉嫌殴打他人，遂予以行政立案处理。刑事案件中最后一位到案的犯罪嫌疑人为欧某，其于 2018 年 12 月 6 日第一次到案接受讯问。但并无证据表明欧某在案发后报案或指控原告对其实施了殴打行为，故欧某何时到案接受讯问与本案原告黄某违法行为的处理并不具有利害关联。根据《公安机关办理行政案件程序规定》第三十三条规定："刑事案件转为行政案件办理的，刑事案件办理过程中收集的证据材料，可以作为行政案件的证据使用。"但前述规定并不意味着行政案件必须待刑事侦查程序结束后方可作出处理结果。行政程序有多种类型，设立程序的目的也各不相同，有些是为了保障当事人合法权益，有些则是为了规范行政行为或提高行政效率。为行政处罚的办理设定相应的办案期限，能够督促行政机关及时调查取证并及时高效地作出处理，避免被处罚人再次作出相同的违法行为，从而达到惩罚和教育的功能。《治安管理处罚法》第九十九条规定："公安机关办理治安案件的期限，自受理之日起不得超过30日；案情重大、复杂的，经上一级公安机关批准，可以延长30日。为了查明案情进行鉴定的期间，不计入办理治安案件的期限。"《公安部关于公安机关执行〈中华人民共和国治安管理处罚法〉有关问题的解释》中关于办理治安案件期限问题亦明确"对因违反治安管理行为人逃跑等客观原因造成案件不能在法定期限内办结的，公安机关应当继续进行调查取证，及时依法作出处理决定，不能因已超过法定办案期限就不再调查取证。因违反治安管理行为人在逃，导致无法查清案件事实，无法收集足够证据而结不了案的，公安机关应当向被害人说明原因"。根据已查明事实，本案于2018年8月17日受理，至2018年12月29日作出案涉行政处罚决定书，已超过法定办案期限。从在案证据来看，案涉冲突所引发的刑事案件的侦办单位亦为某公安分局，本案也不存在违法行为人在逃，导致无法查清案件事实，或无法收集足够证据而结不了案的情形。

综上，被告某公安分局作出案涉行政处罚决定，事实认定清楚，结果正确，但其办案期限已超过法定的期限，因办案超期对案涉处罚决定最终的实体处理结果不产生影响，尚不足以撤销被诉行政处罚行为，故应确认超期程序违法。被告市公安局依法受理复议申请，并在法定期限内作出复议决定，但该复议决定认定某公安分局行政处罚决定程序合法不当，行政复议决定应予撤销。

相关规定

《市场监督管理行政处罚程序规定》第 64 条

第六十一条 送达

行政处罚决定书应当在宣告后当场交付当事人；当事人不在场的，行政机关应当在七日内依照《中华人民共和国民事诉讼法》的有关规定，将行政处罚决定书送达当事人。

当事人同意并签订确认书的，行政机关可以采用传真、电子邮件等方式，将行政处罚决定书等送达当事人。

条文注释

送达文书必须有送达回证，由受送达人在送达回证上记明收到日期，签名或者盖章。受送达人在送达回证上的签收日期为送达日期。

送达确认书，既可以邮寄送达，也可以通过传真、电子邮件等方式送达，提高了送达效率。以传真、电子邮件等到达受送达人特定系统的日期为送达日期。

典型案例

甘肃省某市公安局与朱某治安处罚复议纠纷再审案［最高人民法院（2019）最高法行申 14170 号行政裁定书］

本案系因朱某不服被诉行政处罚决定引发。原审法院经审理查明："某市公安局于 2016 年 4 月 26 日在该局门口、朱某在某居住处各张贴行政处罚告知公告。5 月 4 日，某市公安局作出处罚决定，决定对朱某行政拘留十日，并处罚款 1000 元。"

生效裁判认为，本案中，某市公安局在已经获取朱某本人的联系方式、地址的情况下，且尚无有效证据证明其在无法履行告知义务的情况下，径行以公告方式送达行政处罚告知；同时，在公告中告知朱某陈述权和申辩权，该权利告知未能通过更有效送达方式让朱某知晓，致使朱某不能及时行使陈述权和申辩权，不利于对行政被处罚人合法权益的保护。据此，被诉处罚决定不符合法定程序，应予撤销，原审法院判决结果并无不当。同时，虽某市政府的行政复议程序合法，但因该行政复议决定维持了应予撤销的处罚决定，对处罚决定违法之处未予纠正，故复议决定亦应予以撤销。一审法院判决撤销被诉处罚决定及复议决定，二审法院驳回上诉、维持一审判决，均无不当。

综上，某市公安局的再审申请不符合《行政诉讼法》第九十一条规定的情形。依照《最高人民法院关于适用〈中华人民共和国行政诉讼法〉的解释》第一百一十六条第二款之规定，裁定如下：驳回甘肃省某市公安局的再审申请。

第六十二条 处罚的成立条件

行政机关及其执法人员在作出行政处罚决定之前，未依照本法第四十四条、第四十五条的规定向当事人告知拟作出的行政处罚内容及事实、理由、依据，或者拒绝听取当事人的陈述、申辩，不得作出行政处罚决定；当事人明确放弃陈述或者申辩权利的除外。

第四节　听证程序

第六十三条　听证权

行政机关拟作出下列行政处罚决定，应当告知当事人有要求听证的权利，当事人要求听证的，行政机关应当组织听证：

（一）较大数额罚款；

（二）没收较大数额违法所得、没收较大价值非法财物；

（三）降低资质等级、吊销许可证件；

（四）责令停产停业、责令关闭、限制从业；

（五）其他较重的行政处罚；

（六）法律、法规、规章规定的其他情形。

当事人不承担行政机关组织听证的费用。

条文注释

听证是指在作出行政处罚决定前由行政机关组织的，在调查取证人员、案件当事人及其他利害关系人参加的情况下，听取各方陈述、辩明、对质及证据证明的法定程序。

第六十四条　听证程序

听证应当依照以下程序组织：

（一）当事人要求听证的，应当在行政机关告知后五日内提出；

（二）行政机关应当在举行听证的七日前，通知当事人及有关人员听证的时间、地点；

（三）除涉及国家秘密、商业秘密或者个人隐私依法予以保密外，听证公开举行；

（四）听证由行政机关指定的非本案调查人员主持；当事人认为主持人与本案有直接利害关系的，有权申请回避；

（五）当事人可以亲自参加听证，也可以委托一至二人代理；

（六）当事人及其代理人无正当理由拒不出席听证或者未经许可中途退出听证的，视为放弃听证权利，行政机关终止听证；

（七）举行听证时，调查人员提出当事人违法的事实、证据和行政处罚建议，当事人进行申辩和质证；

（八）听证应当制作笔录。笔录应当交当事人或者其代理人核对无误后签字或者盖章。当事人或者其代理人拒绝签字或者盖章的，由听证主持人在笔录中注明。

条文注释

对于当事人申请听证，行政机关已经做好听证的组织工作，通知了时间及地点，当事人及其代理人无正当理由拒不出席听证或者在听证活动进行中未经许可中途退出的，视为当事人放弃听证权利，行政机关终止听证，行政机关可进入下一步处罚程序，体现了行政效率的要求，亦对恶意反复以申请听证为由阻碍行政处罚的行为进行了规制。

第六十五条 听证结束后的处理

听证结束后，行政机关应当根据听证笔录，依照本法第五十七条的规定，作出决定。

第六章 行政处罚的执行

第六十六条 履行义务

行政处罚决定依法作出后，当事人应当在行政处罚决定书载明的期限内，予以履行。

当事人确有经济困难，需要延期或者分期缴纳罚款的，经当事人申请和行政机关批准，可以暂缓或者分期缴纳。

● *条文注释*

根据本条规定，行政处罚决定依法作出后，当事人应当在行政处罚决定书载明的期限内予以履行。当事人申请延期或者分期缴纳罚款需要符合以下几个条件：第一，行政机关依法作出了对当事人予以罚款的行政处罚决定，且已经生效。行政机关对当事人作出处罚决定且已经依法向其送达，是该当事人向行政机关申请延期或者分期缴纳罚款的前提。第二，当事人缴纳罚款存在困难。第三，当事人提出申请。第四，行政机关批准。

第六十七条 罚缴分离原则

作出罚款决定的行政机关应当与收缴罚款的机构分离。

除依照本法第六十八条、第六十九条的规定当场收缴的罚款外，作出行政处罚决定的行政机关及其执法人员不得自行收缴罚款。

当事人应当自收到行政处罚决定书之日起十五日内，到指定的银行或者通过电子支付系统缴纳罚款。银行应当收受罚款，并将罚款直接上缴国库。

第六十八条　当场收缴罚款范围

依照本法第五十一条的规定当场作出行政处罚决定，有下列情形之一，执法人员可以当场收缴罚款：

（一）依法给予一百元以下罚款的；

（二）不当场收缴事后难以执行的。

第六十九条　边远地区当场收缴罚款

在边远、水上、交通不便地区，行政机关及其执法人员依照本法第五十一条、第五十七条的规定作出罚款决定后，当事人到指定的银行或者通过电子支付系统缴纳罚款确有困难，经当事人提出，行政机关及其执法人员可以当场收缴罚款。

条文注释

本条是关于行政机关及其执法人员可以当场收缴罚款的特殊规定，主要是针对特殊地区收缴罚款所遇到的特殊情况而作出的特别规定。本条既适用于依据简易程序作出的处罚决定，也适用于依据普通程序作出的处罚决定。

依据本条规定，在同时具备以下三个条件的特殊情形下，执法人员才可当场收缴罚款：（1）违法行为地限于边远、水上、交通不便地区。（2）当事人到指定的银行或者通过电子支付系统缴纳罚款确有困难。虽处于边远、水上、交通不便地区，但结合处罚案件及当事人的具体情况，如果当事人到指定的银行或通过电子支付系统缴纳罚款不存在困难的，执法人员不得当场收缴罚款。（3）当事人自行提出当场缴纳罚款的要求。这是当场收缴罚款的必要条件，如当事人没有提出当场缴纳罚款，其愿意自行到指定的银行或者通过电子支付系统缴纳的，执法人员也不得当场收缴罚款。另外，行政机关及其执法人员不得以此为依据，要求或者变相要求当事人“提出”当场缴纳罚款，更不得进行“议价”罚款。

第七十条 罚款票据

行政机关及其执法人员当场收缴罚款的，必须向当事人出具国务院财政部门或者省、自治区、直辖市人民政府财政部门统一制发的专用票据；不出具财政部门统一制发的专用票据的，当事人有权拒绝缴纳罚款。

条文注释

本条是关于行政机关及其执法人员当场收缴罚款应出具专用票据的规定。实践中，可从以下三个层面加以把握：一是行政机关及其执法人员当场收缴罚款的，必须使用国务院财政部门或省、自治区、直辖市人民政府财政部门统一制发的专用票据；二是行政机关及其执法人员必须向当事人出具专用票据；三是行政机关及其执法人员当场收缴罚款的，如果不出具或出具的不是国务院财政部门或省、自治区、直辖市人民政府财政部门统一制发的专用票据，当事人有权拒绝缴纳罚款。

第七十一条 当场收缴罚款的缴纳期限

执法人员当场收缴的罚款，应当自收缴罚款之日起二日内，交至行政机关；在水上当场收缴的罚款，应当自抵岸之日起二日内交至行政机关；行政机关应当在二日内将罚款缴付指定的银行。

相关规定

《治安管理处罚法》第106条

第七十二条 执行措施

当事人逾期不履行行政处罚决定的，作出行政处罚决定的行政机关可以采取下列措施：

（一）到期不缴纳罚款的，每日按罚款数额的百分之三加处罚款，加处罚款的数额不得超出罚款的数额；

（二）根据法律规定，将查封、扣押的财物拍卖、依法处理或者将冻结的存款、汇款划拨抵缴罚款；

（三）根据法律规定，采取其他行政强制执行方式；

（四）依照《中华人民共和国行政强制法》的规定申请人民法院强制执行。

行政机关批准延期、分期缴纳罚款的，申请人民法院强制执行的期限，自暂缓或者分期缴纳罚款期限结束之日起计算。

条文注释

行政处罚决定作出后，当事人本应自觉履行，如果当事人未能主动履行，则涉及行政处罚的强制执行问题。关于行政处罚强制的执行方式，按执行主体划分，有行政机关强制执行和申请人民法院强制执行两类；按执行方式划分，有通过加处罚款等方式迫使当事人履行的间接执行方式，也有直接拍卖、处理查封、扣押财产等直接执行方式。行政机关是直接强制执行，还是申请人民法院强制执行，关键在于行政机关对于特定的行政处罚决定有无法定的强制执行权。本条分别规定了加处罚款，拍卖、处理查封、扣留财产或划拨冻结存款、汇款，法律规定的其他方式，申请人民法院强制执行四种执行方式，前三种方式均属于行政机关强制执行。

典型案例

安徽省某县自然资源和规划局申请执行强制拆除违法占用土地上的建筑物行政处罚决定检察监督案（最高人民检察院检例第148号）

2018年至2020年，安徽省某县自然资源和规划局（原某县国土资源局）依据《中华人民共和国土地管理法》对辖区内未经批准擅自占用土地进行建设的违法行为进行调查后，先后作出多个包含责令限期拆除违法建筑物等内容的处罚决定。部分行政相对人在法定期限内既不申请行政复议或者提起行政诉讼，又未自行拆除违法建筑物，县自然资源和规划局依照《中华人民共和国行政处罚法》（2017年）第五十一条的规定，对其中的64个处罚决定先后以直接提交、邮寄申请书等方式向县人民法院申请强制拆除违法建筑物，县人民法院均不予受理。

案件来源。2018年12月，某县人民检察院在全国检察机关行政非诉执行监督专项活动中发现该类案件线索，对其中3起典型案件启动监督程序。

调查核实。根据案件情况，检察机关重点开展了以下调查核实工作：向当地土地管理部门了解近年来拆除违法建筑物行政处罚决定的自动履行和申请法院强制执行情况；实地查看违法占地现场；向人民法院了解相关情况。检察机关查明：县自然资源和规划局申请法院强制执行符合法律规定，县人民法院对2018年以来该类执行申请均不予受理。

监督意见。县人民检察院审查认为，法院对自然资源和规划局强制执行申请既不受理又不作出不予受理的裁定，县自然资源和规划局在无行政强制执行权的情况下，既无法申请人民法院强制执行，又无法向上一级人民法院申请复议进行救济，案件被搁置，被非法占用的土地得不到恢复，土地管理秩序不能有效维护。经检察委员会讨论决定，于2018年12月向县人民法院提出检察建议，建议其依法受理并审查行政机关的执行申请。

回复意见。县人民法院收到检察建议后，经审判委员会讨论后回复县人民检察院：《中华人民共和国行政强制法》第四十四条、《最高人民法院关于违法的建筑物、构筑物、设施等强制拆除问题的批复》（法释〔2013〕5号）赋予了自然资源和规划局强制执行权，土地管理法与行政强制法存在冲突，应当适用行政强制法，人民法院不予受理县自然资源和规划局的强制执行申请符合法律规定；正在与县政府、国土部门协商，妥善解决违法建筑物的强拆问题，对检察建议不予采纳。

跟进监督。县人民检察院提请市人民检察院跟进监督。市人民检察院审查认为，根据我国法律规定，行政机关自行实施强制执行应当由法律明确授权，法律没有明确规定由行政机关自行强制执行的，行政机关应当申请法院强制执行。《中华人民共和国行政强制法》对“行政机关强制执行程序”和“申请人民法院强制执行”分两章作出规定。该法第四十四条规定：“对违法的建筑物、构筑物、设施等需要强制拆除的，应当由行政机关予以公告，限期当事人自行拆除。当事人在法定期限内不申请行政复议或者提起行政诉讼，又不拆除的，行政机关可以依法强制拆除。”本条规定在“行政机关强制执行程序”一章，是对“具有行政强制执行权的行政机关”实施强制拆除所作的程序性规定，不是对某一行政机关具有行政强制执行权的法律授权。案涉行政处罚决定均系自然资源主管部门根据《中华人民共和国土地管理法》作出，该法未授予自然资源主管部门强制拆除违法建筑物的执行权。该法第八十三条规定，“依照本法规定，责令限期拆除在非法占用的土地上新建的建筑物和其他设施的……由作出处罚决定的机关依法申请人民法院强制执行”。自然资源主管部门针对违反土地管理法的行为作出责令强制拆除的处罚决定，行政相对人期满不起诉又不自行拆除的，应当由行政机关依法申请人民法院强制执行。《最高人民法院关于违法的建筑物、构筑物、设施等强制拆除问题的批复》是就城乡规划领域的违法建设强制拆除所作的司法解释，即依据城乡规划法，乡镇人民政府有权对违反乡村规划的违法建筑物强制拆除，县级以上人民政府对城乡规划主管部门作出限期拆除的决定，当事人逾期不拆除的，有权责成有关部门强制拆除。本案自然资源主管部门申请执行的行政处罚决定均系依据土地管理法作出，依法应当申请人民法院强制执行，人民法院不予受理违反法律规定。

2019年6月，市人民检察院就上述3起案件向市中级人民法院提出检察建议，建议其监督县人民法院纠正违法行为。市中级人民法院在规定期限内回复，已建议县人民法院自行纠正。县人民法院依法受理并作出准予强制执行裁定，并均已执行。

建立长效机制。县人民检察院就案涉问题报告县人大常委会，并与县政府座谈交流。在各方共同推动下，2020年5月，县人民政府制发《关于进一步建立健全违法违规用地防控治理长效机制的意见》，明确行政执法部门就拆除非法占地违法建筑物向法院申请强制执行，法院裁定准予强制执行后，由县政府安排属地乡镇政府实施。此后，县人民法院对县自然资源和规划局该类案件的强制执行申请均予以受理并裁定准予执行。同时县、乡两级政府及行政主管部门按照“统一领导、属地管理、拆控并重、综合治理”的原则，建立健全网格巡查、快速反应、联合执行、联席会议等八项工作机制，确保对违法违规用地执行到位，有效遏制了土地违法行为。

第七十三条 不停止执行及暂缓执行

当事人对行政处罚决定不服，申请行政复议或者提起行政诉讼的，行政处罚不停止执行，法律另有规定的除外。

当事人对限制人身自由的行政处罚决定不服，申请行政复议或者提起行政诉讼的，可以向作出决定的机关提出暂缓执行申请。符合法律规定情形的，应当暂缓执行。

当事人申请行政复议或者提起行政诉讼的，加处罚款的数额在行政复议或者行政诉讼期间不予计算。

第七十四条 没收的非法财物的处理

除依法应当予以销毁的物品外，依法没收的非法财物必须按照国家规定公开拍卖或者按照国家有关规定处理。

罚款、没收的违法所得或者没收非法财物拍卖的款项，必须全部上缴国库，任何行政机关或者个人不得以任何形式截留、私分或者变相私分。

罚款、没收的违法所得或者没收非法财物拍卖的款项，不得同作出行政处罚决定的行政机关及其工作人员的考核、考评直接或者变相挂钩。除依法应当退还、退赔的外，财政部门不得以任何形式向作出行政处罚决定的行政机关返还罚款、没收的违法所得或者没收非法财物拍卖的款项。

条文注释

只有将罚没收入与行政机关及其工作人员的利益割裂开来，才能使行政处罚权的行使具备公正性。一方面要使罚没收入所得的款项与行政机关及其工作人员的考核、考评脱钩，另一方面要充分保障行政机关运行及开展行政管理的经费，将其与实施行政处罚获得的款项独立开来。本法规定罚款、没收的违法所得或者没收非法财物拍卖的款项，不得作为作出行政处罚决定的行政机关及其工作人员考核、考评的标准或依据，财政部门不得以任何形式返还罚款、没收的违法所得或者返还没收非法财物的拍卖款项，为禁止性条款，是对行政机关及财政部门的规范约束，违反上述规定的，还应当承担本法第 78 条规定的法律责任。

第七十五条 监督检查

行政机关应当建立健全对行政处罚的监督制度。县级以上人民政府应当定期组织开展行政执法评议、考核，加强对行政处罚的监督检查，规范和保障行政处罚的实施。

行政机关实施行政处罚应当接受社会监督。公民、法人或者其他组织对行政机关实施行政处罚的行为，有权申诉或者检举；行政机关应当认真审查，发现有错误的，应当主动改正。

● *条文注释*

行政处罚监督是指依法享有监督权的国家机关、社会组织和公民对行使行政处罚设定和实施权的机关及其工作人员的行政处罚设定和实施行为的合法性所实施的监督。通过明确行政处罚的监督主体、监督对象、监督内容、监督权等，建立行政处罚的监督制度。行政处罚的监督包括行政机关内部监督、社会监督、行政复议、行政诉讼等制度，本条所规定的行政处罚监督包含行政机关内部监督及社会监督。

第七章　法律责任

第七十六条　上级行政机关的监督

行政机关实施行政处罚，有下列情形之一，由上级行政机关或者有关机关责令改正，对直接负责的主管人员和其他直接责任人员依法给予处分：

（一）没有法定的行政处罚依据的；

（二）擅自改变行政处罚种类、幅度的；

（三）违反法定的行政处罚程序的；

（四）违反本法第二十条关于委托处罚的规定的；

（五）执法人员未取得执法证件的。

行政机关对符合立案标准的案件不及时立案的，依照前款规定予以处理。

● *条文注释*

如果行政机关派出不具备资格的行政执法人员实施行政处罚，该处罚行为违法，需要追究法律责任的，由该行政机关承担。

相关案例索引

王某等与某区人民政府土地监督职责复议纠纷再审案［最高人民法院（2019）最高法行申6908号行政裁定书］

《最高人民法院关于适用〈中华人民共和国行政诉讼法〉的解释》第一条第二款规定："下列行为不属于人民法院行政诉讼的受案范围……（八）上级行政机关基于内部层级监督关系对下级行政机关作出的听取报告、执法检查、督促履责等行为……"王某等11人向安徽省自然资源厅提出申请，要求安徽省自然资源厅查处安徽省合肥市某区人民政府土地违法行为，依法追究安徽省合肥市某区人民政府及相关责任人的法律责任。该申请实质上是要求安徽省自然资源厅启动对某区人民政府的内部层级监督程序，履行层级监督职责。安徽省自然资源厅作出《关于〈土地违法案件查处〉的回复》后，王某等11人申请行政复议，后自然资源部作出行政复议决定，驳回王某等11人的行政复议申请。鉴于王某等11人行政复议申请实质是要求安徽省自然资源厅履行层级监督职责，层级监督事项不属于行政复议范围，亦不属于行政诉讼受案范围。因此，被诉行政复议决定对于王某等11人的合法权益不会造成实际影响。故裁定驳回王某等11人的再审申请。

第七十七条 当事人的拒绝处罚权及检举权

行政机关对当事人进行处罚不使用罚款、没收财物单据或者使用非法定部门制发的罚款、没收财物单据的，当事人有权拒绝，并有权予以检举，由上级行政机关或者有关机关对使用的非法单据予以收缴销毁，对直接负责的主管人员和其他直接责任人员依法给予处分。

第七十八条 自行收缴罚款的处理

行政机关违反本法第六十七条的规定自行收缴罚款的，财政部门违反本法第七十四条的规定向行政机关返还罚款、没收的违法所得或者拍卖款项的，由上级行政机关或者有关机关责令改正，对直接负责的主管人员和其他直接责任人员依法给予处分。

条文注释

罚款决定与罚款收缴分离是基本规定，本法第 68 条是例外规定，行政机关不能将罚款充作经费，作为创收的手段。行政机关执法所需经费的拨付，按照国家有关规定执行。财政部门不得将行政机关的罚款、没收违法所得或者拍卖款项，与行政机关的经费挂钩或者变相挂钩。如果有关机关违反这些基本规定，则行政处罚将丧失基本的监管功能，且带来不良社会影响，因此，本条规定了责任条款。

第七十九条 私分罚没财物的处理

行政机关截留、私分或者变相私分罚款、没收的违法所得或者财物的，由财政部门或者有关机关予以追缴，对直接负责的主管人员和其他直接责任人员依法给予处分；情节严重构成犯罪的，依法追究刑事责任。

执法人员利用职务上的便利，索取或者收受他人财物、将收缴罚款据为己有，构成犯罪的，依法追究刑事责任；情节轻微不构成犯罪的，依法给予处分。

条文注释

行政执法人员行使职权，应当公正无私，不得以手中的权力谋取私利。如果执法人员利用职务上的便利，索取或者收受他人财物、将收缴罚款据为己有，构成犯罪的，应当依法追究刑事责任；情节轻微不构成犯罪的，依法给予处分。

第八十条 使用、损毁查封、扣押财物的法律责任

行政机关使用或者损毁查封、扣押的财物，对当事人造成损失的，应当依法予以赔偿，对直接负责的主管人员和其他直接责任人员依法给予处分。

第八十一条 违法实行检查和执行措施的法律责任

行政机关违法实施检查措施或者执行措施，给公民人身或者财产造成损害、给法人或者其他组织造成损失的，应当依法予以赔偿，对直接负责的主管人员和其他直接责任人员依法给予处分；情节严重构成犯罪的，依法追究刑事责任。

条文注释

检查措施与执行措施均与行政处罚相对人或其他利害关系人的权益密切相关，故法律、法规及规章对此设定了严格的实体及程序要求。行政机关违法实施检查措施或者执行措施，造成行政处罚相对人或其他利害关系人损失的，应当依照本条规定承担相应赔偿责任。

第八十二条 以行代刑的责任

行政机关对应当依法移交司法机关追究刑事责任的案件不移交，以行政处罚代替刑事处罚，由上级行政机关或者有关机关责令改正，对直接负责的主管人员和其他直接责任人员依法给予处分；情节严重构成犯罪的，依法追究刑事责任。

第八十三条 行政不作为的法律责任

行政机关对应当予以制止和处罚的违法行为不予制止、处罚，致使公民、法人或者其他组织的合法权益、公共利益和社会秩序遭受损害的，对直接负责的主管人员和其他直接责任人员依法给予处分；情节严重构成犯罪的，依法追究刑事责任。

● ***条文注释***

“法无授权不可为”，要求行政机关必须经过法律授权行使权力，没有经过法律授权不能乱作为。反之，“法定职责必须为”，要求行政机关行使权力时，应当严格按照法律的规定履行法定职责，不可推诿，否则就是失职。本法的立法宗旨在于既要保护公民、法人或者其他组织的合法权益，又要保障行政机关有效地实施行政管理，以维护公共利益和社会秩序。行政机关滥施处罚，侵犯公民、法人或者其他组织的合法权益，与依法行政的要求相悖；反之，行政机关怠于履行法定职责，对应当予以制止和处罚的违法行为不予制止、处罚，也不被法律所允许。

第八章 附　　则

第八十四条 属地原则

外国人、无国籍人、外国组织在中华人民共和国领域内有违法行为，应当给予行政处罚的，适用本法，法律另有规定的除外。

第八十五条 **工作日**

本法中“二日”“三日”“五日”“七日”的规定是指工作日，不含法定节假日。

第八十六条 **施行日期**

本法自2021年7月15日起施行。

附录一

中华人民共和国道路交通安全法（节录）

（2003 年 10 月 28 日第十届全国人民代表大会常务委员会第五次会议通过　根据 2007 年 12 月 29 日第十届全国人民代表大会常务委员会第三十一次会议《关于修改〈中华人民共和国道路交通安全法〉的决定》第一次修正　根据 2011 年 4 月 22 日第十一届全国人民代表大会常务委员会第二十次会议《关于修改〈中华人民共和国道路交通安全法〉的决定》第二次修正　根据 2021 年 4 月 29 日第十三届全国人民代表大会常务委员会第二十八次会议《关于修改〈中华人民共和国道路交通安全法〉等八部法律的决定》第三次修正）

第二十四条　【累积记分制度】公安机关交通管理部门对机动车驾驶人违反道路交通安全法律、法规的行为，除依法给予行政处罚外，实行累积记分制度。公安机关交通管理部门对累积记分达到规定分值的机动车驾驶人，扣留机动车驾驶证，对其进行道路交通安全法律、法规教育，重新考试；考试合格的，发还其机动车驾驶证。

对遵守道路交通安全法律、法规，在一年内无累积记分的机动车驾驶人，可以延长机动车驾驶证的审验期。具体办法由国务院公安部门规定。

第八十二条　【处罚和收缴分离原则】公安机关交通管理部门依法实施罚款的行政处罚，应当依照有关法律、行政法规的规定，实施罚款决定与罚款收缴分离；收缴的罚款以及依法没收的违法所得，应当全部上缴国库。

第七章　法 律 责 任

第八十七条　【交通管理部门的职权】公安机关交通管理部门及其交通警察对道路交通安全违法行为，应当及时纠正。

公安机关交通管理部门及其交通警察应当依据事实和本法的有关规定对道路交通安全违法行为予以处罚。对于情节轻微，未影响道路通行的，指出违法行为，给予口头警告后放行。

第八十八条　【处罚种类】对道路交通安全违法行为的处罚种类包括：警告、罚款、暂扣或者吊销机动车驾驶证、拘留。

第八十九条　【对违法行人、乘车人、非机动车驾驶人的处罚】行人、乘车人、非机动车驾驶人违反道路交通安全法律、法规关于道路通行规定的，处警告或者五元以上五十元以下罚款；非机动车驾驶人拒绝接受罚款处罚的，可以扣留其非机动车。

第九十条　【对违法机动车驾驶人的处罚】机动车驾驶人违反道路交通安全法律、法规关于道路通行规定的，处警告或者二十元以上二百元以下罚款。本法另有规定的，依照规定处罚。

第九十一条　【饮酒、醉酒驾车处罚】饮酒后驾驶机动车的，处暂扣六个月机动车驾驶证，并处一千元以上二千元以下罚款。因饮酒后驾驶机动车被处罚，再次饮酒后驾驶机动车的，处十日以下拘留，并处一千元以上二千元以下罚款，吊销机动车驾驶证。

醉酒驾驶机动车的，由公安机关交通管理部门约束至酒醒，吊销机动车驾驶证，依法追究刑事责任；五年内不得重新取得机动车驾驶证。

饮酒后驾驶营运机动车的，处十五日拘留，并处五千元罚款，吊销机动车驾驶证，五年内不得重新取得机动车驾驶证。

醉酒驾驶营运机动车的，由公安机关交通管理部门约束至酒醒，吊销机动车驾驶证，依法追究刑事责任；十年内不得重新取得机动车驾驶证，重新取得机动车驾驶证后，不得驾驶营运机动车。

饮酒后或者醉酒驾驶机动车发生重大交通事故，构成犯罪的，依法追究刑事责任，并由公安机关交通管理部门吊销机动车驾驶证，终生不得重新取得机动车驾驶证。

第九十二条　【超载行为处罚】公路客运车辆载客超过额定乘员的，处二百元以上五百元以下罚款；超过额定乘员百分之二十或者违反规定载货的，处五百元以上二千元以下罚款。

货运机动车超过核定载质量的，处二百元以上五百元以下罚款；超过核定载质量百分之三十或者违反规定载客的，处五百元以上二千元以下罚款。

有前两款行为的，由公安机关交通管理部门扣留机动车至违法状态消除。

运输单位的车辆有本条第一款、第二款规定的情形，经处罚不改的，对直接负责的主管人员处二千元以上五千元以下罚款。

第九十三条　【对违法泊车的处理及拖车规则】对违反道路交通安全法律、法规关于机动车停放、临时停车规定的，可以指出违法行为，并予以口头警告，令其立即驶离。

机动车驾驶人不在现场或者虽在现场但拒绝立即驶离，妨碍其他车辆、行人通行的，处二十元以上二百元以下罚款，并可以将该机动车拖移至不妨碍交通的地点或者公安机关交通管理部门指定的地点停放。公安机关交通管理部门拖车不得向当事人收取费用，并应当及时告知当事人停放地点。

因采取不正确的方法拖车造成机动车损坏的，应当依法承担补偿责任。

第九十四条　【对机动车安检机构的管理】机动车安全技术检验机构实施机动车安全技术检验超过国务院价格主管部门核定的收费标准收取费用的，退还多收取的费用，并由价格主管部门依照《中华人民共和国价格法》的有关规定给予处罚。

机动车安全技术检验机构不按照机动车国家安全技术标准进行检验，出具虚假检验结果的，由公安机关交通管理部门处所收检验费用五倍以上十倍以下罚款，并依法撤销其检验资格；构成犯罪的，依法追究刑事责任。

第九十五条　【未悬挂号牌、未放置标志、未携带证件、未合理安放号牌的处理】上道路行驶的机动车未悬挂机动车号牌，未放置检验合格标志、保险标志，或者未随车携带行驶证、驾驶证的，公安机关交通管理部门应当扣留机动车，通知当事人提供相应的牌证、标志或者补办相应手续，并可以依照本法第九十条的规定予以处罚。当事人提供相应的牌证、标志或者补办相应手续的，应当及时退还机动车。

故意遮挡、污损或者不按规定安装机动车号牌的，依照本法第九十条的规定予以处罚。

第九十六条　【对伪造、变造行为的处罚】伪造、变造或者使用伪造、变造的机动车登记证书、号牌、行驶证、驾驶证的，由公安机关交通管理部门予以收缴，扣留该机动车，处十五日以下拘留，并处二千元以上五千元以下罚款；构成犯罪的，依法追究刑事责任。

伪造、变造或者使用伪造、变造的检验合格标志、保险标志的，由公安机关交通管理部门予以收缴，扣留该机动车，处十日以下拘留，并处一千元以上三千元以下罚款；构成犯罪的，依法追究刑事责任。

使用其他车辆的机动车登记证书、号牌、行驶证、检验合格标志、保险标志的，由公安机关交通管理部门予以收缴，扣留该机动车，处二千元以上五千元以下罚款。

当事人提供相应的合法证明或者补办相应手续的，应当及时退还机动车。

第九十七条　【对非法安装警报器、标志灯具的处罚】非法安装警报器、标志灯具的，由公安机关交通管理部门强制拆除，予以收缴，并处二百元以上二千元以下罚款。

第九十八条　【对未投保交强险的处罚】机动车所有人、管理人未按照国家规定投保机动车第三者责任强制保险的，由公安机关交通管理部门扣留车辆至依照规定投保后，并处依照规定投保最低责任限额应缴纳的保险费的二倍罚款。

依照前款缴纳的罚款全部纳入道路交通事故社会救助基金。具体办法由国务院规定。

第九十九条　【其他违法行为的处罚】有下列行为之一的，由公安机关交通管理部门处二百元以上二千元以下罚款：

（一）未取得机动车驾驶证、机动车驾驶证被吊销或者机动车驾驶证被暂扣期间驾驶机动车的；

（二）将机动车交由未取得机动车驾驶证或者机动车驾驶证被吊销、暂扣的人驾驶的；

（三）造成交通事故后逃逸，尚不构成犯罪的；

（四）机动车行驶超过规定时速百分之五十的；

（五）强迫机动车驾驶人违反道路交通安全法律、法规和机动车安全驾驶要求驾驶机动车，造成交通事故，尚不构成犯罪的；

（六）违反交通管制的规定强行通行，不听劝阻的；

（七）故意损毁、移动、涂改交通设施，造成危害后果，尚不构成犯罪的；

（八）非法拦截、扣留机动车辆，不听劝阻，造成交通严重阻塞或者较大财产损失的。

行为人有前款第二项、第四项情形之一的，可以并处吊销机动车驾驶证；有第一项、第三项、第五项至第八项情形之一的，可以并处十五日以下拘留。

第一百条　【驾驶拼装及应报废机动车的处理】驾驶拼装的机动车或者已达到报废标准的机动车上道路行驶的，公安机关交通管理部门应当予以收缴，强制报废。

对驾驶前款所列机动车上道路行驶的驾驶人，处二百元以上二千元以下罚款，并吊销机动车驾驶证。

出售已达到报废标准的机动车的，没收违法所得，处销售金额等额的罚款，对该机动车依照本条第一款的规定处理。

第一百零一条　【交通事故刑事责任及终生禁驾规定】违反道路交通安全法律、法规的规定，发生重大交通事故，构成犯罪的，依法追究刑事责任，并由公安机关交通管理部门吊销机动车驾驶证。

造成交通事故后逃逸的，由公安机关交通管理部门吊销机动车驾驶证，且终生不得重新取得机动车驾驶证。

第一百零二条　【对专业运输单位的管理】对六个月内发生二次以上特大交通事故负有主要责任或者全部责任的专业运输单位，由公安机关交通管理部门责令消除安全隐患，未消除安全隐患的机动车，禁止上道路行驶。

第一百零三条　【机动车的生产和销售管理】国家机动车产品主管部门未按照机动车国家安全技术标准严格审查，许可不合格机动车型投入生产的，对负有责任的主管人员和其他直接责任人员给予降级或者撤职的行政处分。

机动车生产企业经国家机动车产品主管部门许可生产的机动车型，不执行机动车国家安全技术标准或者不严格进行机动车成品质量检验，致使质量不合格的机动车出厂销售的，由质量技术监督部门依照《中华人民共和国产品质量法》的有关规定给予处罚。

擅自生产、销售未经国家机动车产品主管部门许可生产的机动车型的，没收非法生产、销售的机动车成品及配件，可以并处非法产品价值三倍以上五倍以下罚款；有营业执照的，由工商行政管理部门吊销营业执照，没有营业执照的，予以查封。

生产、销售拼装的机动车或者生产、销售擅自改装的机动车的，依照本条第三款的规定处罚。

有本条第二款、第三款、第四款所列违法行为，生产或者销售不符合机动车国家安全技术标准的机动车，构成犯罪的，依法追究刑事责任。

第一百零四条　【擅自挖掘、占用道路的处理】未经批准，擅自挖掘道路、占用道路施工或者从事其他影响道路交通安全活动的，由道路主管部门责令停止违法行为，并恢复原状，可以依法给予罚款；致使通行的人员、车辆及其他财产遭受损失的，依法承担赔偿责任。

有前款行为，影响道路交通安全活动的，公安机关交通管理部门可以责令停止违法行为，迅速恢复交通。

第一百零五条　【道路施工、管理单位未履行职责的责任】 道路施工作业或者道路出现损毁，未及时设置警示标志、未采取防护措施，或者应当设置交通信号灯、交通标志、交通标线而没有设置或者应当及时变更交通信号灯、交通标志、交通标线而没有及时变更，致使通行的人员、车辆及其他财产遭受损失的，负有相关职责的单位应当依法承担赔偿责任。

第一百零六条　【对妨碍交通标志行为的管理】 在道路两侧及隔离带上种植树木、其他植物或者设置广告牌、管线等，遮挡路灯、交通信号灯、交通标志，妨碍安全视距的，由公安机关交通管理部门责令行为人排除妨碍；拒不执行的，处二百元以上二千元以下罚款，并强制排除妨碍，所需费用由行为人负担。

第一百零七条　【当场处罚】 对道路交通违法行为人予以警告、二百元以下罚款，交通警察可以当场作出行政处罚决定，并出具行政处罚决定书。

行政处罚决定书应当载明当事人的违法事实、行政处罚的依据、处罚内容、时间、地点以及处罚机关名称，并由执法人员签名或者盖章。

第一百零八条　【罚款的缴纳】 当事人应当自收到罚款的行政处罚决定书之日起十五日内，到指定的银行缴纳罚款。

对行人、乘车人和非机动车驾驶人的罚款，当事人无异议的，可以当场予以收缴罚款。

罚款应当开具省、自治区、直辖市财政部门统一制发的罚款收据；不出具财政部门统一制发的罚款收据的，当事人有权拒绝缴纳罚款。

第一百零九条　【逾期不缴纳罚款的处理】 当事人逾期不履行行

政处罚决定的，作出行政处罚决定的行政机关可以采取下列措施：

（一）到期不缴纳罚款的，每日按罚款数额的百分之三加处罚款；

（二）申请人民法院强制执行。

第一百一十条　【扣留机动车驾驶证的规则】执行职务的交通警察认为应当对道路交通违法行为人给予暂扣或者吊销机动车驾驶证处罚的，可以先予扣留机动车驾驶证，并在二十四小时内将案件移交公安机关交通管理部门处理。

道路交通违法行为人应当在十五日内到公安机关交通管理部门接受处理。无正当理由逾期未接受处理的，吊销机动车驾驶证。

公安机关交通管理部门暂扣或者吊销机动车驾驶证的，应当出具行政处罚决定书。

第一百一十一条　【有权作出拘留裁决的机关】对违反本法规定予以拘留的行政处罚，由县、市公安局、公安分局或者相当于县一级的公安机关裁决。

第一百一十二条　【扣留车辆的规则】公安机关交通管理部门扣留机动车、非机动车，应当当场出具凭证，并告知当事人在规定期限内到公安机关交通管理部门接受处理。

公安机关交通管理部门对被扣留的车辆应当妥善保管，不得使用。

逾期不来接受处理，并且经公告三个月仍不来接受处理的，对扣留的车辆依法处理。

第一百一十三条　【暂扣、吊销的期限】暂扣机动车驾驶证的期限从处罚决定生效之日起计算；处罚决定生效前先予扣留机动车驾驶证的，扣留一日折抵暂扣期限一日。

吊销机动车驾驶证后重新申请领取机动车驾驶证的期限，按照机动车驾驶证管理规定办理。

第一百一十四条　【根据技术监控记录进行的处罚】公安机关交通管理部门根据交通技术监控记录资料，可以对违法的机动车所有人或者管理人依法予以处罚。对能够确定驾驶人的，可以依照本法的规定依法予以处罚。

第一百一十五条　【对交警及交管部门违法行为的处理】交通警察有下列行为之一的，依法给予行政处分：

（一）为不符合法定条件的机动车发放机动车登记证书、号牌、行驶证、检验合格标志的；

（二）批准不符合法定条件的机动车安装、使用警车、消防车、救护车、工程救险车的警报器、标志灯具，喷涂标志图案的；

（三）为不符合驾驶许可条件、未经考试或者考试不合格人员发放机动车驾驶证的；

（四）不执行罚款决定与罚款收缴分离制度或者不按规定将依法收取的费用、收缴的罚款及没收的违法所得全部上缴国库的；

（五）举办或者参与举办驾驶学校或者驾驶培训班、机动车修理厂或者收费停车场等经营活动的；

（六）利用职务上的便利收受他人财物或者谋取其他利益的；

（七）违法扣留车辆、机动车行驶证、驾驶证、车辆号牌的；

（八）使用依法扣留的车辆的；

（九）当场收取罚款不开具罚款收据或者不如实填写罚款额的；

（十）徇私舞弊，不公正处理交通事故的；

（十一）故意刁难，拖延办理机动车牌证的；

（十二）非执行紧急任务时使用警报器、标志灯具的；

（十三）违反规定拦截、检查正常行驶的车辆的；

（十四）非执行紧急公务时拦截搭乘机动车的；

（十五）不履行法定职责的。

公安机关交通管理部门有前款所列行为之一的，对直接负责的主管人员和其他直接责任人员给予相应的行政处分。

第一百一十六条　【对违规交警的处分】依照本法第一百一十五条的规定，给予交通警察行政处分的，在作出行政处分决定前，可以停止其执行职务；必要时，可以予以禁闭。

依照本法第一百一十五条的规定，交通警察受到降级或者撤职行政处分的，可以予以辞退。

交通警察受到开除处分或者被辞退的，应当取消警衔；受到撤职以下行政处分的交通警察，应当降低警衔。

第一百一十七条　【对构成犯罪的交警追究刑事责任】交通警察利用职权非法占有公共财物，索取、收受贿赂，或者滥用职权、玩忽职守，构成犯罪的，依法追究刑事责任。

第一百一十八条　【公安交管部门、交警违法赔偿责任】公安机关交通管理部门及其交通警察有本法第一百一十五条所列行为之一，给当事人造成损失的，应当依法承担赔偿责任。

行政执法机关移送涉嫌犯罪案件的规定

（2001年7月9日中华人民共和国国务院令第310号公布 根据2020年8月7日《国务院关于修改〈行政执法机关移送涉嫌犯罪案件的规定〉的决定》修订）

第一条 为了保证行政执法机关向公安机关及时移送涉嫌犯罪案件，依法惩罚破坏社会主义市场经济秩序罪、妨害社会管理秩序罪以及其他罪，保障社会主义建设事业顺利进行，制定本规定。

第二条 本规定所称行政执法机关，是指依照法律、法规或者规章的规定，对破坏社会主义市场经济秩序、妨害社会管理秩序以及其他违法行为具有行政处罚权的行政机关，以及法律、法规授权的具有管理公共事务职能、在法定授权范围内实施行政处罚的组织。

第三条 行政执法机关在依法查处违法行为过程中，发现违法事实涉及的金额、违法事实的情节、违法事实造成的后果等，根据刑法关于破坏社会主义市场经济秩序罪、妨害社会管理秩序罪等罪的规定和最高人民法院、最高人民检察院关于破坏社会主义市场经济秩序罪、妨害社会管理秩序罪等罪的司法解释以及最高人民检察院、公安部关于经济犯罪案件的追诉标准等规定，涉嫌构成犯罪，依法需要追究刑事责任的，必须依照本规定向公安机关移送。

知识产权领域的违法案件，行政执法机关根据调查收集的证据和查明的案件事实，认为存在犯罪的合理嫌疑，需要公安机关采取措施进一步获取证据以判断是否达到刑事案件立案追诉标准的，应当向公安机关移送。

第四条 行政执法机关在查处违法行为过程中，必须妥善保存所收集的与违法行为有关的证据。

行政执法机关对查获的涉案物品，应当如实填写涉案物品清单，并按照国家有关规定予以处理。对易腐烂、变质等不宜或者不易保管的涉案物品，应当采取必要措施，留取证据；对需要进行检验、鉴定的涉案物品，应当由法定检验、鉴定机构进行检验、鉴定，并出具检验报告或者鉴定结论。

第五条 行政执法机关对应当向公安机关移送的涉嫌犯罪案件，应当立即指定 2 名或者 2 名以上行政执法人员组成专案组专门负责，核实情况后提出移送涉嫌犯罪案件的书面报告，报经本机关正职负责人或者主持工作的负责人审批。

行政执法机关正职负责人或者主持工作的负责人应当自接到报告之日起 3 日内作出批准移送或者不批准移送的决定。决定批准的，应当在 24 小时内向同级公安机关移送；决定不批准的，应当将不予批准的理由记录在案。

第六条 行政执法机关向公安机关移送涉嫌犯罪案件，应当附有下列材料：

（一）涉嫌犯罪案件移送书；

（二）涉嫌犯罪案件情况的调查报告；

（三）涉案物品清单；

（四）有关检验报告或者鉴定结论；

（五）其他有关涉嫌犯罪的材料。

第七条 公安机关对行政执法机关移送的涉嫌犯罪案件，应当在涉嫌犯罪案件移送书的回执上签字；其中，不属于本机关管辖的，应当在24小时内转送有管辖权的机关，并书面告知移送案件的行政执法机关。

第八条 公安机关应当自接受行政执法机关移送的涉嫌犯罪案件之日起3日内，依照刑法、刑事诉讼法以及最高人民法院、最高人民检察院关于立案标准和公安部关于公安机关办理刑事案件程序的规定，对所移送的案件进行审查。认为有犯罪事实，需要追究刑事责任，依法决定立案的，应当书面通知移送案件的行政执法机关；认为没有犯罪事实，或者犯罪事实显著轻微，不需要追究刑事责任，依法不予立案的，应当说明理由，并书面通知移送案件的行政执法机关，相应退回案卷材料。

第九条 行政执法机关接到公安机关不予立案的通知书后，认为依法应当由公安机关决定立案的，可以自接到不予立案通知书之日起3日内，提请作出不予立案决定的公安机关复议，也可以建议人民检察院依法进行立案监督。

作出不予立案决定的公安机关应当自收到行政执法机关提请复议的文件之日起3日内作出立案或者不予立案的决定，并书面通知移送案件的行政执法机关。移送案件的行政执法机关对公安机关不予立案的复议决定仍有异议的，应当自收到复议决定通知书之日起3日内建议人民检察院依法进行立案监督。

公安机关应当接受人民检察院依法进行的立案监督。

第十条 行政执法机关对公安机关决定不予立案的案件，应当依法作出处理；其中，依照有关法律、法规或者规章的规定应当给予行政处罚的，应当依法实施行政处罚。

第十一条 行政执法机关对应当向公安机关移送的涉嫌犯罪案件，不得以行政处罚代替移送。

行政执法机关向公安机关移送涉嫌犯罪案件前已经作出的警告，责令停产停业，暂扣或者吊销许可证、暂扣或者吊销执照的行政处罚决定，不停止执行。

依照行政处罚法的规定，行政执法机关向公安机关移送涉嫌犯罪案件前，已经依法给予当事人罚款的，人民法院判处罚金时，依法折抵相应罚金。

第十二条 行政执法机关对公安机关决定立案的案件，应当自接到立案通知书之日起3日内将涉案物品以及与案件有关的其他材料移交公安机关，并办结交接手续；法律、行政法规另有规定的，依照其规定。

第十三条 公安机关对发现的违法行为，经审查，没有犯罪事实，或者立案侦查后认为犯罪事实显著轻微，不需要追究刑事责任，但依法应当追究行政责任的，应当及时将案件移送同级行政执法机关，有关行政执法机关应当依法作出处理。

第十四条 行政执法机关移送涉嫌犯罪案件，应当接受人民检察院和监察机关依法实施的监督。

任何单位和个人对行政执法机关违反本规定，应当向公安机关移送涉嫌犯罪案件而不移送的，有权向人民检察院、监察机关或者上级行政执法机关举报。

第十五条 行政执法机关违反本规定，隐匿、私分、销毁涉案物品的，由本级或者上级人民政府，或者实行垂直管理的上级行政执法机关，对其正职负责人根据情节轻重，给予降级以上的处分；构成犯罪的，依法追究刑事责任。

对前款所列行为直接负责的主管人员和其他直接责任人员，比照前款的规定给予处分；构成犯罪的，依法追究刑事责任。

第十六条 行政执法机关违反本规定，逾期不将案件移送公安机关的，由本级或者上级人民政府，或者实行垂直管理的上级行政执法机关，责令限期移送，并对其正职负责人或者主持工作的负责人根据情节轻重，给予记过以上的处分；构成犯罪的，依法追究刑事责任。

行政执法机关违反本规定，对应当向公安机关移送的案件不移送，或者以行政处罚代替移送的，由本级或者上级人民政府，或者实行垂直管理的上级行政执法机关，责令改正，给予通报；拒不改正的，对其正职负责人或者主持工作的负责人给予记过以上的处分；构成犯罪的，依法追究刑事责任。

对本条第一款、第二款所列行为直接负责的主管人员和其他直接责任人员，分别比照前两款的规定给予处分；构成犯罪的，依法追究刑事责任。

第十七条 公安机关违反本规定，不接受行政执法机关移送的涉嫌犯罪案件，或者逾期不作出立案或者不予立案的决定的，除由人民检察院依法实施立案监督外，由本级或者上级人民政府责令改正，对其正职负责人根据情节轻重，给予记过以上的处分；构成犯罪的，依法追究刑事责任。

对前款所列行为直接负责的主管人员和其他直接责任人员，比照前款的规定给予处分；构成犯罪的，依法追究刑事责任。

第十八条 有关机关存在本规定第十五条、第十六条、第十七条所列违法行为，需要由监察机关依法给予违法的公职人员政务处分的，该机关及其上级主管机关或者有关人民政府应当依照有关规定将相关案件线索移送监察机关处理。

第十九条 行政执法机关在依法查处违法行为过程中，发现公职人员有贪污贿赂、失职渎职或者利用职权侵犯公民人身权利和民主权利等违法行为，涉嫌构成职务犯罪的，应当依照刑法、刑事诉讼法、监察法等法律规定及时将案件线索移送监察机关或者人民检察院处理。

第二十条 本规定自公布之日起施行。

市场监督管理行政处罚信息公示规定

（2021年7月22日市场监管总局第11次局务会议审议通过 2021年7月30日国家市场监督管理总局令第45号公布 自2021年9月1日起施行）

第一条 为了加快构建以信用为基础的新型市场监管机制，强化市场主体信用监管，促进社会共治，维护公平竞争的市场秩序，根据相关法律、行政法规以及国务院有关规定，制定本规定。

第二条 市场监督管理部门对适用普通程序作出行政处罚决定的相关信息，应当记录于国家企业信用信息公示系统，并向社会公示。

仅受到警告行政处罚的不予公示。法律、行政法规另有规定的除外。

依法登记的市场主体的行政处罚公示信息应当记于市场主体名下。

第三条 市场监督管理部门公示行政处罚信息，应当遵循合法、客观、及时、规范的原则。

第四条 依照本规定第二条公示的行政处罚信息主要包括行政处罚决定书和行政处罚信息摘要。

市场监督管理部门应当严格依照国家市场监督管理总局的有关规

定制作行政处罚决定书，并制作行政处罚信息摘要附于行政处罚决定书之前。

行政处罚信息摘要的内容包括：行政处罚决定书文号、行政处罚当事人基本情况、违法行为类型、行政处罚内容、作出行政处罚决定的行政机关名称和日期。

第五条 市场监督管理部门应当依照《中华人民共和国保守国家秘密法》以及其他法律法规的有关规定，建立健全行政处罚信息保密审查机制。公示的行政处罚信息不得泄露国家秘密，不得危及国家安全、公共安全、经济安全和社会稳定。

第六条 市场监督管理部门公示行政处罚信息，应当遵守法律法规关于商业秘密和个人信息保护的有关规定，对信息进行必要的处理。

第七条 市场监督管理部门公示的行政处罚决定书，除依照本规定第六条的要求进行处理的以外，内容应当与送达行政处罚当事人的行政处罚决定书一致。

第八条 对于应当公示的行政处罚决定，在送达行政处罚决定书时，市场监督管理部门应当书面告知行政处罚当事人行政处罚信息将向社会进行公示。

第九条 作出行政处罚决定的市场监督管理部门和行政处罚当事人登记地（住所地）在同一省、自治区、直辖市的，作出行政处罚决定的市场监督管理部门应当自作出行政处罚决定之日起二十个工作日内将行政处罚信息通过国家企业信用信息公示系统进行公示。

第十条 作出行政处罚决定的市场监督管理部门和行政处罚当事人登记地（住所地）不在同一省、自治区、直辖市的，作出行政处罚决定的市场监督管理部门应当自作出行政处罚决定之日起十个工作日内通过本省、自治区、直辖市市场监督管理部门将行政处罚信息推送至当事人登记地（住所地）市场监督管理部门，由其协助在收到行政处罚信息之日起十个工作日内将行政处罚信息通过国家企业信用信息公示系统进行公示。

第十一条 行政处罚决定被依法变更、撤销、确认违法或者确认无效的，市场监督管理部门应当在三个工作日内撤回行政处罚公示信息并说明理由。

第十二条 市场监督管理部门发现其公示的行政处罚信息不准确的，应当及时更正。公民、法人或者其他组织有证据证明市场监督管理部门公示的行政处罚信息不准确的，有权要求该市场监督管理部门予以更正。

第十三条 仅受到通报批评或者较低数额罚款的行政处罚信息自公示之日起届满三个月的，停止公示。其他行政处罚信息自公示之日起届满三年的，停止公示。

前款所称较低数额罚款由省级以上市场监督管理部门结合工作实际规定。

依照法律法规被限制开展生产经营活动、限制从业超过三年的，公示期按照实际限制期限执行。

第十四条 行政处罚信息公示达到规定时限要求，且同时符合以下条件的，可以向作出行政处罚决定的市场监督管理部门申请提前停止公示：

（一）已经自觉履行行政处罚决定中规定的义务；

（二）已经主动消除危害后果和不良影响；

（三）未因同一类违法行为再次受到市场监督管理部门行政处罚；

（四）未在经营异常名录和严重违法失信名单中。

前款所称时限要求和提前停止公示的具体实施办法由国家市场监督管理总局另行规定。

当事人受到责令停产停业、限制开展生产经营活动、限制从业、降低资质等级、吊销许可证件、吊销营业执照以及国家市场监督管理总局规定的其他较为严重行政处罚的，不得提前停止公示。

第十五条 各省、自治区、直辖市市场监督管理部门应当按照本规定及时完善国家企业信用信息公示系统，提供操作便捷的检索、查阅方式，方便公众检索、查阅行政处罚信息。

第十六条 市场监督管理部门应当严格履行行政处罚信息公示职责，按照“谁办案、谁录入、谁负责”的原则建立健全行政处罚信息公示内部审核和管理制度。办案机构应当及时准确录入行政处罚信息。负责企业信用信息公示工作的机构应当加强行政处罚信息公示的日常管理。

第十七条 国家市场监督管理总局负责指导和监督地方市场监督管理部门行政处罚信息公示工作，制定国家企业信用信息公示系统公示行政处罚信息的有关标准规范和技术要求。

各省、自治区、直辖市市场监督管理部门负责组织、指导、监督辖区内各级市场监督管理部门行政处罚信息公示工作，并可以根据本规定结合工作实际制定实施细则。

第十八条 国务院药品监督管理部门和省级药品监督管理部门实施行政处罚信息公示，适用本规定。

第十九条 本规定自2021年9月1日起施行。2014年8月19日原国家工商行政管理总局令第71号公布的《工商行政管理行政处罚信息公示暂行规定》同时废止。

市场监督管理行政处罚程序规定

（2018年12月21日国家市场监督管理总局令第2号公布　根据2021年7月2日国家市场监督管理总局令第42号第一次修正　根据2022年9月29日国家市场监督管理总局令第61号第二次修正）

第一章　总　　则

第一条　为了规范市场监督管理行政处罚程序，保障市场监督管理部门依法实施行政处罚，保护自然人、法人和其他组织的合法权益，根据《中华人民共和国行政处罚法》《中华人民共和国行政强制法》等法律、行政法规，制定本规定。

第二条　市场监督管理部门实施行政处罚，适用本规定。

第三条　市场监督管理部门实施行政处罚，应当遵循公正、公开的原则，坚持处罚与教育相结合，做到事实清楚、证据确凿、适用依据正确、程序合法、处罚适当。

第四条　市场监督管理部门实施行政处罚实行回避制度。参与案件办理的有关人员与案件有直接利害关系或者有其他关系可能影响公正执法的，应当回避。市场监督管理部门主要负责人的回避，由市场监督管理部门负责人集体讨论决定；市场监督管理部门其他负责人的回避，由市场监督管理部门主要负责人决定；其他有关人员的回避，由市场监督管理部门负责人决定。

回避决定作出之前，不停止案件调查。

第五条 市场监督管理部门及参与案件办理的有关人员对实施行政处罚过程中知悉的国家秘密、商业秘密和个人隐私应当依法予以保密。

第六条 上级市场监督管理部门对下级市场监督管理部门实施行政处罚，应当加强监督。

各级市场监督管理部门对本部门内设机构及其派出机构、受委托组织实施行政处罚，应当加强监督。

第二章 管　　辖

第七条 行政处罚由违法行为发生地的县级以上市场监督管理部门管辖。法律、行政法规、部门规章另有规定的，从其规定。

第八条 县级、设区的市级市场监督管理部门依职权管辖本辖区内发生的行政处罚案件。法律、法规、规章规定由省级以上市场监督管理部门管辖的，从其规定。

第九条 市场监督管理部门派出机构在本部门确定的权限范围内以本部门的名义实施行政处罚，法律、法规授权以派出机构名义实施行政处罚的除外。

县级以上市场监督管理部门可以在法定权限内书面委托符合《中华人民共和国行政处罚法》规定条件的组织实施行政处罚。受委托组织在委托范围内，以委托行政机关名义实施行政处罚；不得再委托其他任何组织或者个人实施行政处罚。

委托书应当载明委托的具体事项、权限、期限等内容。委托行政机关和受委托组织应当将委托书向社会公布。

第十条 网络交易平台经营者和通过自建网站、其他网络服务销售商品或者提供服务的网络交易经营者的违法行为由其住所地县级以上市场监督管理部门管辖。

平台内经营者的违法行为由其实际经营地县级以上市场监督管理部门管辖。网络交易平台经营者住所地县级以上市场监督管理部门先行发现违法线索或者收到投诉、举报的，也可以进行管辖。

第十一条 对利用广播、电影、电视、报纸、期刊、互联网等大众传播媒介发布违法广告的行为实施行政处罚，由广告发布者所在地市场监督管理部门管辖。广告发布者所在地市场监督管理部门管辖异地广告主、广告经营者有困难的，可以将广告主、广告经营者的违法情况移送广告主、广告经营者所在地市场监督管理部门处理。

对于互联网广告违法行为，广告主所在地、广告经营者所在地市场监督管理部门先行发现违法线索或者收到投诉、举报的，也可以进行管辖。

对广告主自行发布违法互联网广告的行为实施行政处罚，由广告主所在地市场监督管理部门管辖。

第十二条 对当事人的同一违法行为，两个以上市场监督管理部门都有管辖权的，由最先立案的市场监督管理部门管辖。

第十三条 两个以上市场监督管理部门因管辖权发生争议的，应当自发生争议之日起七个工作日内协商解决，协商不成的，报请共同的上一级市场监督管理部门指定管辖；也可以直接由共同的上一级市场监督管理部门指定管辖。

第十四条 市场监督管理部门发现立案查处的案件不属于本部门管辖的，应当将案件移送有管辖权的市场监督管理部门。受移送的市场监督管理部门对管辖权有异议的，应当报请共同的上一级市场监督管理部门指定管辖，不得再自行移送。

第十五条 上级市场监督管理部门认为必要时，可以将本部门管辖的案件交由下级市场监督管理部门管辖。法律、法规、规章明确规定案件应当由上级市场监督管理部门管辖的，上级市场监督管理部门不得将案件交由下级市场监督管理部门管辖。

上级市场监督管理部门认为必要时，可以直接查处下级市场监督管理部门管辖的案件，也可以将下级市场监督管理部门管辖的案件指定其他下级市场监督管理部门管辖。

下级市场监督管理部门认为依法由其管辖的案件存在特殊原因，难以办理的，可以报请上一级市场监督管理部门管辖或者指定管辖。

第十六条 报请上一级市场监督管理部门管辖或者指定管辖的，上一级市场监督管理部门应当在收到报送材料之日起七个工作日内确定案件的管辖部门。

第十七条 市场监督管理部门发现立案查处的案件属于其他行政管理部门管辖的，应当及时依法移送其他有关部门。

市场监督管理部门发现违法行为涉嫌犯罪的，应当及时将案件移送司法机关，并对涉案物品以及与案件有关的其他材料依照有关规定办理交接手续。

第三章 行政处罚的普通程序

第十八条 市场监督管理部门对依据监督检查职权或者通过投诉、举报、其他部门移送、上级交办等途径发现的违法行为线索，应当自发现线索或者收到材料之日起十五个工作日内予以核查，由市场监督管理部门负责人决定是否立案；特殊情况下，经市场监督管理部门负责人批准，可以延长十五个工作日。法律、法规、规章另有规定的除外。

检测、检验、检疫、鉴定以及权利人辨认或者鉴别等所需时间，不计入前款规定期限。

第十九条 经核查，符合下列条件的，应当立案：

（一）有证据初步证明存在违反市场监督管理法律、法规、规章的行为；

（二）依据市场监督管理法律、法规、规章应当给予行政处罚；

（三）属于本部门管辖；

（四）在给予行政处罚的法定期限内。

决定立案的，应当填写立案审批表，由办案机构负责人指定两名以上具有行政执法资格的办案人员负责调查处理。

第二十条 经核查，有下列情形之一的，可以不予立案：

（一）违法行为轻微并及时改正，没有造成危害后果；

（二）初次违法且危害后果轻微并及时改正；

（三）当事人有证据足以证明没有主观过错，但法律、行政法规另有规定的除外；

（四）依法可以不予立案的其他情形。

决定不予立案的，应当填写不予立案审批表。

第二十一条 办案人员应当全面、客观、公正、及时进行案件调查，收集、调取证据，并依照法律、法规、规章的规定进行检查。

首次向当事人收集、调取证据的，应当告知其享有陈述权、申辩权以及申请回避的权利。

第二十二条 办案人员调查或者进行检查时不得少于两人，并应当主动向当事人或者有关人员出示执法证件。

第二十三条 办案人员应当依法收集证据。证据包括：

（一）书证；

（二）物证；

（三）视听资料；

（四）电子数据；

（五）证人证言；

（六）当事人的陈述；

（七）鉴定意见；

（八）勘验笔录、现场笔录。

立案前核查或者监督检查过程中依法取得的证据材料，可以作为案件的证据使用。

对于移送的案件，移送机关依职权调查收集的证据材料，可以作为案件的证据使用。

上述证据，应当符合法律、法规、规章关于证据的规定，并经查证属实，才能作为认定案件事实的根据。以非法手段取得的证据，不得作为认定案件事实的根据。

第二十四条 收集、调取的书证、物证应当是原件、原物。调取原件、原物有困难的，可以提取复制件、影印件或者抄录件，也可以拍摄或者制作足以反映原件、原物外形或者内容的照片、录像。复制件、影印件、抄录件和照片、录像由证据提供人核对无误后注明与原件、原物一致，并注明出证日期、证据出处，同时签名或者盖章。

第二十五条 收集、调取的视听资料应当是有关资料的原始载体。调取视听资料原始载体有困难的，可以提取复制件，并注明制作方法、制作时间、制作人等。声音资料应当附有该声音内容的文字记录。

第二十六条 收集、调取的电子数据应当是有关数据的原始载体。收集电子数据原始载体有困难的，可以采用拷贝复制、委托分析、书式固定、拍照录像等方式取证，并注明制作方法、制作时间、制作人等。

市场监督管理部门可以利用互联网信息系统或者设备收集、固定违法行为证据。用来收集、固定违法行为证据的互联网信息系统或者设备应当符合相关规定，保证所收集、固定电子数据的真实性、完整性。

市场监督管理部门可以指派或者聘请具有专门知识的人员，辅助办案人员对案件关联的电子数据进行调查取证。

市场监督管理部门依照法律、行政法规规定利用电子技术监控设备收集、固定违法事实的，依照《中华人民共和国行政处罚法》有关规定执行。

第二十七条　在中华人民共和国领域外形成的公文书证，应当经所在国公证机关证明，或者履行中华人民共和国与该所在国订立的有关条约中规定的证明手续。涉及身份关系的证据，应当经所在国公证机关证明，并经中华人民共和国驻该国使领馆认证，或者履行中华人民共和国与该所在国订立的有关条约中规定的证明手续。

在中华人民共和国香港特别行政区、澳门特别行政区和台湾地区形成的证据，应当履行相关的证明手续。

外文书证或者外国语视听资料等证据应当附有由具有翻译资质的机构翻译的或者其他翻译准确的中文译本，由翻译机构盖章或者翻译人员签名。

第二十八条　对有违法嫌疑的物品或者场所进行检查时，应当通知当事人到场。办案人员应当制作现场笔录，载明时间、地点、事件等内容，由办案人员、当事人签名或者盖章。

第二十九条 办案人员可以询问当事人及其他有关单位和个人。询问应当个别进行。询问应当制作笔录，询问笔录应当交被询问人核对；对阅读有困难的，应当向其宣读。笔录如有差错、遗漏，应当允许其更正或者补充。涂改部分应当由被询问人签名、盖章或者以其他方式确认。经核对无误后，由被询问人在笔录上逐页签名、盖章或者以其他方式确认。办案人员应当在笔录上签名。

第三十条 办案人员可以要求当事人及其他有关单位和个人在一定期限内提供证明材料或者与涉嫌违法行为有关的其他材料，并由材料提供人在有关材料上签名或者盖章。

市场监督管理部门在查处侵权假冒等案件过程中，可以要求权利人对涉案产品是否为权利人生产或者其许可生产的产品进行辨认，也可以要求其对有关事项进行鉴别。

第三十一条 市场监督管理部门抽样取证时，应当通知当事人到场。办案人员应当制作抽样记录，对样品加贴封条，开具清单，由办案人员、当事人在封条和相关记录上签名或者盖章。

通过网络、电话购买等方式抽样取证的，应当采取拍照、截屏、录音、录像等方式对交易过程、商品拆包查验及封样等过程进行记录。

法律、法规、规章或者国家有关规定对实施抽样机构的资质或者抽样方式有明确要求的，市场监督管理部门应当委托相关机构或者按照规定方式抽取样品。

第三十二条 为查明案情，需要对案件中专门事项进行检测、检验、检疫、鉴定的，市场监督管理部门应当委托具有法定资质的机构进行；没有法定资质机构的，可以委托其他具备条件的机构进行。检测、检验、检疫、鉴定结果应当告知当事人。

第三十三条 在证据可能灭失或者以后难以取得的情况下，市场监督管理部门可以对与涉嫌违法行为有关的证据采取先行登记保存措施。采取或者解除先行登记保存措施，应当经市场监督管理部门负责人批准。

情况紧急，需要当场采取先行登记保存措施的，办案人员应当在二十四小时内向市场监督管理部门负责人报告，并补办批准手续。市场监督管理部门负责人认为不应当采取先行登记保存措施的，应当立即解除。

第三十四条 先行登记保存有关证据，应当当场清点，开具清单，由当事人和办案人员签名或者盖章，交当事人一份，并当场交付先行登记保存证据通知书。

先行登记保存期间，当事人或者有关人员不得损毁、销毁或者转移证据。

第三十五条 对于先行登记保存的证据，应当在七个工作日内采取以下措施：

（一）根据情况及时采取记录、复制、拍照、录像等证据保全措施；

（二）需要检测、检验、检疫、鉴定的，送交检测、检验、检疫、鉴定；

（三）依据有关法律、法规规定可以采取查封、扣押等行政强制措施的，决定采取行政强制措施；

（四）违法事实成立，应当予以没收的，作出行政处罚决定，没收违法物品；

（五）违法事实不成立，或者违法事实成立但依法不应当予以查封、扣押或者没收的，决定解除先行登记保存措施。

逾期未采取相关措施的，先行登记保存措施自动解除。

第三十六条 市场监督管理部门可以依据法律、法规的规定采取查封、扣押等行政强制措施。采取或者解除行政强制措施，应当经市场监督管理部门负责人批准。

情况紧急，需要当场采取行政强制措施的，办案人员应当在二十四小时内向市场监督管理部门负责人报告，并补办批准手续。市场监督管理部门负责人认为不应当采取行政强制措施的，应当立即解除。

第三十七条 市场监督管理部门实施行政强制措施应当依照《中华人民共和国行政强制法》规定的程序进行，并当场交付实施行政强制措施决定书和清单。

第三十八条 查封、扣押的期限不得超过三十日；情况复杂的，经市场监督管理部门负责人批准，可以延长，但是延长期限不得超过三十日。法律、行政法规另有规定的除外。

延长查封、扣押的决定应当及时书面告知当事人，并说明理由。

对物品需要进行检测、检验、检疫、鉴定的，查封、扣押的期间不包括检测、检验、检疫、鉴定的期间。检测、检验、检疫、鉴定的期间应当明确，并书面告知当事人。

第三十九条 扣押当事人托运的物品，应当制作协助扣押通知书，通知有关单位协助办理，并书面通知当事人。

第四十条 对当事人家存或者寄存的涉嫌违法物品，需要扣押的，责令当事人取出；当事人拒绝取出的，应当会同当地有关部门或者单位将其取出，并办理扣押手续。

第四十一条 查封、扣押的场所、设施或者财物应当妥善保管，不得使用或者损毁；市场监督管理部门可以委托第三人保管，第三人不得损毁或者擅自转移、处置。

查封的场所、设施或者财物，应当加贴市场监督管理部门封条，任何人不得随意动用。

除法律、法规另有规定外，容易损毁、灭失、变质、保管困难或者保管费用过高、季节性商品等不宜长期保存的物品，在确定为罚没财物前，经权利人同意或者申请，并经市场监督管理部门负责人批准，在采取相关措施留存证据后，可以依法先行处置；权利人不明确的，可以依法公告，公告期满后仍没有权利人同意或者申请的，可以依法先行处置。先行处置所得款项按照涉案现金管理。

第四十二条　有下列情形之一的，市场监督管理部门应当及时作出解除查封、扣押决定：

（一）当事人没有违法行为；

（二）查封、扣押的场所、设施或者财物与违法行为无关；

（三）对违法行为已经作出处理决定，不再需要查封、扣押；

（四）查封、扣押期限已经届满；

（五）其他不再需要采取查封、扣押措施的情形。

解除查封、扣押应当立即退还财物，并由办案人员和当事人在财物清单上签名或者盖章。市场监督管理部门已将财物依法先行处置并有所得款项的，应当退还所得款项。先行处置明显不当，给当事人造成损失的，应当给予补偿。

当事人下落不明或者无法确定涉案物品所有人的，应当按照本规定第八十二条第五项规定的公告送达方式告知领取。公告期满仍无人领取的，经市场监督管理部门负责人批准，将涉案物品上缴或者依法拍卖后将所得款项上缴国库。

第四十三条　办案人员在调查取证过程中，无法通知当事人，当事人不到场或者拒绝接受调查，当事人拒绝签名、盖章或者以其他方式确认的，办案人员应当在笔录或者其他材料上注明情况，并采取录音、录像等方式记录，必要时可以邀请有关人员作为见证人。

第四十四条 进行现场检查、询问当事人及其他有关单位和个人、抽样取证、采取先行登记保存措施、实施查封或者扣押等行政强制措施时，按照有关规定采取拍照、录音、录像等方式记录现场情况。

第四十五条 市场监督管理部门在办理行政处罚案件时，确需有关机关或者其他市场监督管理部门协助调查取证的，应当出具协助调查函。

收到协助调查函的市场监督管理部门对属于本部门职权范围的协助事项应当予以协助，在接到协助调查函之日起十五个工作日内完成相关工作。需要延期完成的，应当在期限届满前告知提出协查请求的市场监督管理部门。

第四十六条 有下列情形之一的，经市场监督管理部门负责人批准，中止案件调查：

（一）行政处罚决定须以相关案件的裁判结果或者其他行政决定为依据，而相关案件尚未审结或者其他行政决定尚未作出的；

（二）涉及法律适用等问题，需要送请有权机关作出解释或者确认的；

（三）因不可抗力致使案件暂时无法调查的；

（四）因当事人下落不明致使案件暂时无法调查的；

（五）其他应当中止调查的情形。

中止调查的原因消除后，应当立即恢复案件调查。

第四十七条 因涉嫌违法的自然人死亡或者法人、其他组织终止，并且无权利义务承受人等原因，致使案件调查无法继续进行的，经市场监督管理部门负责人批准，案件终止调查。

第四十八条 案件调查终结，办案机构应当撰写调查终结报告。案件调查终结报告包括以下内容：

（一）当事人的基本情况；

（二）案件来源、调查经过及采取行政强制措施的情况；

（三）调查认定的事实及主要证据；

（四）违法行为性质；

（五）处理意见及依据；

（六）自由裁量的理由等其他需要说明的事项。

第四十九条 办案机构应当将调查终结报告连同案件材料，交由市场监督管理部门审核机构进行审核。

审核分为法制审核和案件审核。

办案人员不得作为审核人员。

第五十条 对情节复杂或者重大违法行为给予行政处罚的下列案件，在市场监督管理部门负责人作出行政处罚的决定之前，应当由从事行政处罚决定法制审核的人员进行法制审核；未经法制审核或者审核未通过的，不得作出决定：

（一）涉及重大公共利益的；

（二）直接关系当事人或者第三人重大权益，经过听证程序的；

（三）案件情况疑难复杂、涉及多个法律关系的；

（四）法律、法规规定应当进行法制审核的其他情形。

前款第二项规定的案件，在听证程序结束后进行法制审核。

县级以上市场监督管理部门可以对第一款的法制审核案件范围作出具体规定。

第五十一条 法制审核由市场监督管理部门法制机构或者其他机

构负责实施。

市场监督管理部门中初次从事行政处罚决定法制审核的人员，应当通过国家统一法律职业资格考试取得法律职业资格。

第五十二条 除本规定第五十条第一款规定以外适用普通程序的案件，应当进行案件审核。

案件审核由市场监督管理部门办案机构或者其他机构负责实施。

市场监督管理部门派出机构以自己的名义实施行政处罚的案件，由派出机构负责案件审核。

第五十三条 审核的主要内容包括：

（一）是否具有管辖权；

（二）当事人的基本情况是否清楚；

（三）案件事实是否清楚、证据是否充分；

（四）定性是否准确；

（五）适用依据是否正确；

（六）程序是否合法；

（七）处理是否适当。

第五十四条 审核机构对案件进行审核，区别不同情况提出书面意见和建议：

（一）对事实清楚、证据充分、定性准确、适用依据正确、程序合法、处理适当的案件，同意案件处理意见；

（二）对定性不准、适用依据错误、程序不合法、处理不当的案件，建议纠正；

（三）对事实不清、证据不足的案件，建议补充调查；

（四）认为有必要提出的其他意见和建议。

第五十五条 审核机构应当自接到审核材料之日起十个工作日内

完成审核。特殊情况下，经市场监督管理部门负责人批准可以延长。

第五十六条 审核机构完成审核并退回案件材料后，对于拟给予行政处罚的案件，办案机构应当将案件材料、行政处罚建议及审核意见报市场监督管理部门负责人批准，并依法履行告知等程序；对于建议给予其他行政处理的案件，办案机构应当将案件材料、审核意见报市场监督管理部门负责人审查决定。

第五十七条 拟给予行政处罚的案件，市场监督管理部门在作出行政处罚决定之前，应当书面告知当事人拟作出的行政处罚内容及事实、理由、依据，并告知当事人依法享有陈述权、申辩权。拟作出的行政处罚属于听证范围的，还应当告知当事人有要求听证的权利。法律、法规规定在行政处罚决定作出前需责令当事人退还多收价款的，一并告知拟责令退还的数额。

当事人自告知书送达之日起五个工作日内，未行使陈述、申辩权，未要求听证的，视为放弃此权利。

第五十八条 市场监督管理部门在告知当事人拟作出的行政处罚决定后，应当充分听取当事人的意见，对当事人提出的事实、理由和证据进行复核。当事人提出的事实、理由或者证据成立的，市场监督管理部门应当予以采纳，不得因当事人陈述、申辩或者要求听证而给予更重的行政处罚。

第五十九条 法律、法规要求责令当事人退还多收价款的，市场监督管理部门应当在听取当事人意见后作出行政处罚决定前，向当事人发出责令退款通知书，责令当事人限期退还。难以查找多付价款的消费者或者其他经营者的，责令公告查找。

第六十条 市场监督管理部门负责人经对案件调查终结报告、审核意见、当事人陈述和申辩意见或者听证报告等进行审查，根据不同情况，分别作出以下决定：

（一）确有依法应当给予行政处罚的违法行为的，根据情节轻重及具体情况，作出行政处罚决定；

（二）确有违法行为，但有依法不予行政处罚情形的，不予行政处罚；

（三）违法事实不能成立的，不予行政处罚；

（四）不属于市场监督管理部门管辖的，移送其他行政管理部门处理；

（五）违法行为涉嫌犯罪的，移送司法机关。

对本规定第五十条第一款规定的案件，拟给予行政处罚的，应当由市场监督管理部门负责人集体讨论决定。

第六十一条 对当事人的违法行为依法不予行政处罚的，市场监督管理部门应当对当事人进行教育。

第六十二条 市场监督管理部门作出行政处罚决定，应当制作行政处罚决定书，并加盖本部门印章。行政处罚决定书的内容包括：

（一）当事人的姓名或者名称、地址等基本情况；

（二）违反法律、法规、规章的事实和证据；

（三）当事人陈述、申辩的采纳情况及理由；

（四）行政处罚的内容和依据；

（五）行政处罚的履行方式和期限；

（六）申请行政复议、提起行政诉讼的途径和期限；

（七）作出行政处罚决定的市场监督管理部门的名称和作出决定的日期。

第六十三条 市场监督管理部门作出的具有一定社会影响的行政处罚决定应当按照有关规定向社会公开。

公开的行政处罚决定被依法变更、撤销、确认违法或者确认无效的，市场监督管理部门应当在三个工作日内撤回行政处罚决定信息并公开说明理由。

第六十四条 适用普通程序办理的案件应当自立案之日起九十日内作出处理决定。因案情复杂或者其他原因，不能在规定期限内作出处理决定的，经市场监督管理部门负责人批准，可以延长三十日。案情特别复杂或者有其他特殊情况，经延期仍不能作出处理决定的，应当由市场监督管理部门负责人集体讨论决定是否继续延期，决定继续延期的，应当同时确定延长的合理期限。

案件处理过程中，中止、听证、公告和检测、检验、检疫、鉴定、权利人辨认或者鉴别、责令退还多收价款等时间不计入前款所指的案件办理期限。

第六十五条 发生重大传染病疫情等突发事件，为了控制、减轻和消除突发事件引起的社会危害，市场监督管理部门对违反突发事件应对措施的行为，依法快速、从重处罚。

第四章 行政处罚的简易程序

第六十六条 违法事实确凿并有法定依据，对自然人处以二百元以下、对法人或者其他组织处以三千元以下罚款或者警告的行政处罚的，可以当场作出行政处罚决定。法律另有规定的，从其规定。

第六十七条 适用简易程序当场查处违法行为，办案人员应当向当事人出示执法证件，当场调查违法事实，收集必要的证据，填写预定格式、编有号码的行政处罚决定书。

行政处罚决定书应当由办案人员签名或者盖章，并当场交付当事人。当事人拒绝签收的，应当在行政处罚决定书上注明。

第六十八条 当场制作的行政处罚决定书应当载明当事人的基本情况、违法行为、行政处罚依据、处罚种类、罚款数额、缴款途径和期限、救济途径和期限、部门名称、时间、地点，并加盖市场监督管理部门印章。

第六十九条 办案人员在行政处罚决定作出前，应当告知当事人拟作出的行政处罚内容及事实、理由、依据，并告知当事人有权进行陈述和申辩。当事人进行陈述和申辩的，办案人员应当记入笔录。

第七十条 适用简易程序查处案件的有关材料，办案人员应当在作出行政处罚决定之日起七个工作日内交至所在的市场监督管理部门归档保存。

第五章 执行与结案

第七十一条 行政处罚决定依法作出后，当事人应当在行政处罚决定书载明的期限内予以履行。

当事人对行政处罚决定不服申请行政复议或者提起行政诉讼的，行政处罚不停止执行，法律另有规定的除外。

第七十二条 市场监督管理部门对当事人作出罚款、没收违法所得行政处罚的，当事人应当自收到行政处罚决定书之日起十五日内，通过指定银行或者电子支付系统缴纳罚没款。有下列情形之一的，可以由办案人员当场收缴罚款：

（一）当场处以一百元以下罚款的；

（二）当场对自然人处以二百元以下、对法人或者其他组织处以三千元以下罚款，不当场收缴事后难以执行的；

（三）在边远、水上、交通不便地区，当事人向指定银行或者通过电子支付系统缴纳罚款确有困难，经当事人提出的。

办案人员当场收缴罚款的，必须向当事人出具国务院财政部门或者省、自治区、直辖市财政部门统一制发的专用票据。

第七十三条 办案人员当场收缴的罚款，应当自收缴罚款之日起二个工作日内交至所在市场监督管理部门。在水上当场收缴的罚款，应当自抵岸之日起二个工作日内交至所在市场监督管理部门。市场监督管理部门应当在二个工作日内将罚款缴付指定银行。

第七十四条 当事人确有经济困难，需要延期或者分期缴纳罚款的，应当提出书面申请。经市场监督管理部门负责人批准，同意当事人暂缓或者分期缴纳罚款的，市场监督管理部门应当书面告知当事人暂缓或者分期的期限。

第七十五条 当事人逾期不缴纳罚款的，市场监督管理部门可以每日按罚款数额的百分之三加处罚款，加处罚款的数额不得超出罚款的数额。

第七十六条 当事人在法定期限内不申请行政复议或者提起行政诉讼，又不履行行政处罚决定，且在收到催告书十个工作日后仍不履行行政处罚决定的，市场监督管理部门可以在期限届满之日起三个月内依法申请人民法院强制执行。

市场监督管理部门批准延期、分期缴纳罚款的，申请人民法院强制执行的期限，自暂缓或者分期缴纳罚款期限结束之日起计算。

第七十七条 适用普通程序的案件有以下情形之一的，办案机构应当在十五个工作日内填写结案审批表，经市场监督管理部门负责人批准后，予以结案：

（一）行政处罚决定执行完毕的；

（二）人民法院裁定终结执行的；

（三）案件终止调查的；

（四）作出本规定第六十条第一款第二项至五项决定的；

（五）其他应予结案的情形。

第七十八条 结案后，办案人员应当将案件材料按照档案管理的有关规定立卷归档。案卷归档应当一案一卷、材料齐全、规范有序。

案卷可以分正卷、副卷。正卷按照下列顺序归档：

（一）立案审批表；

（二）行政处罚决定书及送达回证；

（三）对当事人制发的其他法律文书及送达回证；

（四）证据材料；

（五）听证笔录；

（六）财物处理单据；

（七）其他有关材料。

副卷按照下列顺序归档：

（一）案源材料；

（二）调查终结报告；

（三）审核意见；

（四）听证报告；

（五）结案审批表；

（六）其他有关材料。

案卷的保管和查阅，按照档案管理的有关规定执行。

第七十九条 市场监督管理部门应当依法以文字、音像等形式，对行政处罚的启动、调查取证、审核、决定、送达、执行等进行全过程记录，依照本规定第七十八条的规定归档保存。

第六章　期间、送达

第八十条　期间以时、日、月计算，期间开始的时或者日不计算在内。期间不包括在途时间。期间届满的最后一日为法定节假日的，以法定节假日后的第一日为期间届满的日期。

第八十一条　市场监督管理部门送达行政处罚决定书，应当在宣告后当场交付当事人。当事人不在场的，应当在七个工作日内按照本规定第八十二条、第八十三条的规定，将行政处罚决定书送达当事人。

第八十二条　市场监督管理部门送达执法文书，应当按照下列方式进行：

（一）直接送达的，由受送达人在送达回证上注明签收日期，并签名或者盖章，受送达人在送达回证上注明的签收日期为送达日期。受送达人是自然人的，本人不在时交其同住成年家属签收；受送达人是法人或者其他组织的，应当由法人的法定代表人、其他组织的主要负责人或者该法人、其他组织负责收件的人签收；受送达人有代理人的，可以送交其代理人签收；受送达人已向市场监督管理部门指定代收人的，送交代收人签收。受送达人的同住成年家属，法人或者其他组织负责收件的人，代理人或者代收人在送达回证上签收的日期为送达日期。

（二）受送达人或者其同住成年家属拒绝签收的，市场监督管理部门可以邀请有关基层组织或者所在单位的代表到场，说明情况，在送达回证上载明拒收事由和日期，由送达人、见证人签名或者以其他方式确认，将执法文书留在受送达人的住所；也可以将执法文书留在受送达人的住所，并采取拍照、录像等方式记录送达过程，即视为送达。

（三）经受送达人同意并签订送达地址确认书，可以采用手机短信、传真、电子邮件、即时通讯账号等能够确认其收悉的电子方式送达执法文书，市场监督管理部门应当通过拍照、截屏、录音、录像等方式予以记录，手机短信、传真、电子邮件、即时通讯信息等到达受送达人特定系统的日期为送达日期。

（四）直接送达有困难的，可以邮寄送达或者委托当地市场监督管理部门、转交其他部门代为送达。邮寄送达的，以回执上注明的收件日期为送达日期；委托、转交送达的，受送达人的签收日期为送达日期。

（五）受送达人下落不明或者采取上述方式无法送达的，可以在市场监督管理部门公告栏和受送达人住所地张贴公告，也可以在报纸或者市场监督管理部门门户网站等刊登公告。自公告发布之日起经过三十日，即视为送达。公告送达，应当在案件材料中载明原因和经过。在市场监督管理部门公告栏和受送达人住所地张贴公告的，应当采取拍照、录像等方式记录张贴过程。

第八十三条 市场监督管理部门可以要求受送达人签署送达地址确认书，送达至受送达人确认的地址，即视为送达。受送达人送达地址发生变更的，应当及时书面告知市场监督管理部门；未及时告知的，市场监督管理部门按原地址送达，视为依法送达。

因受送达人提供的送达地址不准确、送达地址变更未书面告知市场监督管理部门，导致执法文书未能被受送达人实际接收的，直接送达的，执法文书留在该地址之日为送达之日；邮寄送达的，执法文书被退回之日为送达之日。

第七章　附　　则

第八十四条　本规定中的“以上”“以下”“内”均包括本数。

第八十五条　国务院药品监督管理部门和省级药品监督管理部门实施行政处罚，适用本规定。

法律、法规授权的履行市场监督管理职能的组织实施行政处罚，适用本规定。

对违反《中华人民共和国反垄断法》规定的行为实施行政处罚的程序，按照国务院市场监督管理部门专项规定执行。专项规定未作规定的，参照本规定执行。

第八十六条　行政处罚文书格式范本，由国务院市场监督管理部门统一制定。各省级市场监督管理部门可以参照文书格式范本，制定本行政区域适用的行政处罚文书格式并自行印制。

第八十七条　本规定自2019年4月1日起施行。1996年9月18日原国家技术监督局令第45号公布的《技术监督行政处罚委托实施办法》、2001年4月9日原国家质量技术监督局令第16号公布的《质量技术监督罚没物品管理和处置办法》、2007年9月4日原国家工商行政管理总局令第28号公布的《工商行政管理机关行政处罚程序规定》、2011年3月2日原国家质量监督检验检疫总局令第137号公布的《质量技术监督行政处罚程序规定》、2011年3月2日原国家质量监督检验检疫总局令第138号公布的《质量技术监督行政处罚案件审理规定》、2014年4月28日原国家食品药品监督管理总局令第3号公布的《食品药品行政处罚程序规定》同时废止。

市场监督管理行政处罚听证办法

（2018 年 12 月 21 日国家市场监督管理总局令第 3 号公布 根据 2021 年 7 月 2 日国家市场监督管理总局令第 42 号《国家市场监督管理总局关于修改〈市场监督管理行政处罚程序暂行规定〉等二部规章的决定》修正）

第一章　总　　则

第一条　为了规范市场监督管理行政处罚听证程序，保障市场监督管理部门依法实施行政处罚，保护自然人、法人和其他组织的合法权益，根据《中华人民共和国行政处罚法》的有关规定，制定本办法。

第二条　市场监督管理部门组织行政处罚听证，适用本办法。

第三条　市场监督管理部门组织行政处罚听证，应当遵循公开、公正、效率的原则，保障和便利当事人依法行使陈述权和申辩权。

第四条　市场监督管理部门行政处罚案件听证实行回避制度。听证主持人、听证员、记录员、翻译人员与案件有直接利害关系或者有其他关系可能影响公正执法的，应当回避。

听证员、记录员、翻译人员的回避，由听证主持人决定；听证主持人的回避，由市场监督管理部门负责人决定。

第二章 申请和受理

第五条 市场监督管理部门拟作出下列行政处罚决定，应当告知当事人有要求听证的权利：

（一）责令停产停业、责令关闭、限制从业；

（二）降低资质等级、吊销许可证件或者营业执照；

（三）对自然人处以一万元以上、对法人或者其他组织处以十万元以上罚款；

（四）对自然人、法人或者其他组织作出没收违法所得和非法财物价值总额达到第三项所列数额的行政处罚；

（五）其他较重的行政处罚；

（六）法律、法规、规章规定的其他情形。

各省、自治区、直辖市人大常委会或者人民政府对前款第三项、第四项所列罚没数额有具体规定的，可以从其规定。

第六条 向当事人告知听证权利时，应当书面告知当事人拟作出的行政处罚内容及事实、理由、依据。

第七条 当事人要求听证的，可以在告知书送达回证上签署意见，也可以自收到告知书之日起五个工作日内提出。当事人以口头形式提出的，办案人员应当将情况记入笔录，并由当事人在笔录上签名或者盖章。

当事人自告知书送达之日起五个工作日内，未要求听证的，视为放弃此权利。

当事人在规定期限内要求听证的，市场监督管理部门应当依照本办法的规定组织听证。

第三章　听证组织机构、听证人员和听证参加人

第八条　听证由市场监督管理部门法制机构或者其他机构负责组织。

第九条　听证人员包括听证主持人、听证员和记录员。

第十条　听证参加人包括当事人及其代理人、第三人、办案人员、证人、翻译人员、鉴定人以及其他有关人员。

第十一条　听证主持人由市场监督管理部门负责人指定。必要时，可以设一至二名听证员，协助听证主持人进行听证。

记录员由听证主持人指定，具体承担听证准备和听证记录工作。

办案人员不得担任听证主持人、听证员和记录员。

第十二条　听证主持人在听证程序中行使下列职责：

（一）决定举行听证的时间、地点；

（二）审查听证参加人资格；

（三）主持听证；

（四）维持听证秩序；

（五）决定听证的中止或者终止，宣布听证结束；

（六）本办法赋予的其他职责。

听证主持人应当公开、公正地履行主持听证的职责，不得妨碍当事人、第三人行使陈述权、申辩权。

第十三条　要求听证的自然人、法人或者其他组织是听证的当事人。

第十四条　与听证案件有利害关系的其他自然人、法人或者其他组织，可以作为第三人申请参加听证，或者由听证主持人通知其参加

听证。

第十五条　当事人、第三人可以委托一至二人代为参加听证。

委托他人代为参加听证的，应当向市场监督管理部门提交由委托人签名或者盖章的授权委托书以及委托代理人的身份证明文件。

授权委托书应当载明委托事项及权限。委托代理人代为撤回听证申请或者明确放弃听证权利的，必须有委托人的明确授权。

第十六条　办案人员应当参加听证。

第十七条　与听证案件有关的证人、鉴定人等经听证主持人同意，可以到场参加听证。

第四章　听证准备

第十八条　市场监督管理部门应当自收到当事人要求听证的申请之日起三个工作日内，确定听证主持人。

第十九条　办案人员应当自确定听证主持人之日起三个工作日内，将案件材料移交听证主持人，由听证主持人审阅案件材料，准备听证提纲。

第二十条　听证主持人应当自接到办案人员移交的案件材料之日起五个工作日内确定听证的时间、地点，并应当于举行听证的七个工作日前将听证通知书送达当事人。

听证通知书中应当载明听证时间、听证地点及听证主持人、听证员、记录员、翻译人员的姓名，并告知当事人有申请回避的权利。

第三人参加听证的，听证主持人应当在举行听证的七个工作日前将听证的时间、地点通知第三人。

第二十一条　听证主持人应当于举行听证的七个工作日前将听证

的时间、地点通知办案人员，并退回案件材料。

第二十二条 除涉及国家秘密、商业秘密或者个人隐私依法予以保密外，听证应当公开举行。

公开举行听证的，市场监督管理部门应当于举行听证的三个工作日前公告当事人的姓名或者名称、案由以及举行听证的时间、地点。

第五章 举行听证

第二十三条 听证开始前，记录员应当查明听证参加人是否到场，并向到场人员宣布以下听证纪律：

（一）服从听证主持人的指挥，未经听证主持人允许不得发言、提问；

（二）未经听证主持人允许不得录音、录像和摄影；

（三）听证参加人未经听证主持人允许不得退场；

（四）不得大声喧哗，不得鼓掌、哄闹或者进行其他妨碍听证秩序的活动。

第二十四条 听证主持人核对听证参加人，说明案由，宣布听证主持人、听证员、记录员、翻译人员名单，告知听证参加人在听证中的权利义务，询问当事人是否提出回避申请。

第二十五条 听证按下列程序进行：

（一）办案人员提出当事人违法的事实、证据、行政处罚建议及依据；

（二）当事人及其委托代理人进行陈述和申辩；

（三）第三人及其委托代理人进行陈述；

（四）质证；

（五）辩论；

（六）听证主持人按照第三人、办案人员、当事人的先后顺序征询各方最后意见。

当事人可以当场提出证明自己主张的证据，听证主持人应当接收。

第二十六条 有下列情形之一的，可以中止听证：

（一）当事人因不可抗力无法参加听证的；

（二）当事人死亡或者终止，需要确定相关权利义务承受人的；

（三）当事人临时提出回避申请，无法当场作出决定的；

（四）需要通知新的证人到场或者需要重新鉴定的；

（五）其他需要中止听证的情形。

中止听证的情形消失后，听证主持人应当恢复听证。

第二十七条 有下列情形之一的，可以终止听证：

（一）当事人撤回听证申请或者明确放弃听证权利的；

（二）当事人无正当理由拒不到场参加听证的；

（三）当事人未经听证主持人允许中途退场的；

（四）当事人死亡或者终止，并且无权利义务承受人的；

（五）其他需要终止听证的情形。

第二十八条 记录员应当如实记录，制作听证笔录。听证笔录应当载明听证时间、地点、案由，听证人员、听证参加人姓名，各方意见以及其他需要载明的事项。

听证会结束后，听证笔录应当经听证参加人核对无误后，由听证参加人当场签名或者盖章。当事人、第三人拒绝签名或者盖章的，由听证主持人在听证笔录中注明。

第二十九条 听证结束后，听证主持人应当在五个工作日内撰写听证报告，由听证主持人、听证员签名，连同听证笔录送办案机构，由其连同其他案件材料一并上报市场监督管理部门负责人。

市场监督管理部门应当根据听证笔录，结合听证报告提出的意见建议，依照《市场监督管理行政处罚程序规定》的有关规定，作出决定。

第三十条 听证报告应当包括以下内容：

（一）听证案由；

（二）听证人员、听证参加人；

（三）听证的时间、地点；

（四）听证的基本情况；

（五）处理意见和建议；

（六）需要报告的其他事项。

第六章 附 则

第三十一条 本办法中的“以上”“内”均包括本数。

第三十二条 国务院药品监督管理部门和省级药品监督管理部门组织行政处罚听证，适用本办法。

法律、法规授权的履行市场监督管理职能的组织组织行政处罚听证，适用本办法。

第三十三条 本办法中有关执法文书的送达适用《市场监督管理行政处罚程序规定》的有关规定。

第三十四条 市场监督管理部门应当保障听证经费，提供组织听证所必需的场地、设备以及其他便利条件。

市场监督管理部门举行听证，不得向当事人收取费用。

第三十五条 本办法自2019年4月1日施行。2005年12月30日原国家食品药品监督管理局令第23号公布的《国家食品药品监督管理局听证规则（试行）》、2007年9月4日原国家工商行政管理总局令第29号公布的《工商行政管理机关行政处罚案件听证规则》同时废止。

附录二[①]

1. 行政处罚案件集体讨论记录

________市场监督管理局

行政处罚案件集体讨论记录

案件名称：________________________________

讨论时间：________年________月________日

讨论地点：________________________________

主 持 人：________________________________

出席人员：________________________________

____

列席人员：________________________________

____

记 录 人：________________________________

讨论记录：

（讨论一般按下列顺序进行：1. 办案机构（人员）汇报案件调查情况，包括违法事实、证据、处罚依据、裁量理由、处罚建议、存在问题或分歧意见等；2. 审核机构（人员）汇报案件审核意见；3. 出席人员询问案件有关问题并进行集体讨论；4. 出席人员发表意见；5. 主持人提出处理意见。）

____

____

第　页共　页

---

① 该部分文书均选自法律应用研究中心编：《市场监督管理行政执法文书样式：制作规范与法律依据》，中国法制出版社 2021 年版。

处理意见：

出席人员签名：

第　页共　页

【说　明】

《行政处罚案件集体讨论记录》是记录市场监督管理部门负责人集体讨论情节复杂或者重大违法行为给予行政处罚的案件时所使用的文书。

一、文书适用范围

依据《市场监督管理行政处罚程序规定》第六十条第二款的规定，对《市场监督管理行政处罚程序规定》第五十条第一款规定的情节复杂或者重大违法行为给予行政处罚的案件，应当由市场监督管理部门负责人集体讨论决定。记录集体讨论过程和意见的，使用本文书。

二、文书制作提示

1. 出席人员是指参与案件集体讨论的市场监督管理部门负责人；列席人员是指列席会议的有关机构负责人、案件承办人、案件审核人员等有关人员。各单位可以根据案件具体情况确定出席人员。

2. 讨论记录应当真实、准确、完整，如实、简明地列明会议参加人员的意见。处理意见应当简明地表述案件处理意见，包括定性、处罚等方面内容。

3. 出席人员应当在讨论记录上签名。

2. 行政处理决定审批表

________市场监督管理局

行政处理决定审批表

案件名称	
立案时间	年　月　日
行政处理决定建议类别	□给予行政处罚　□有违法行为，依法不予行政处罚 □违法事实不能成立，不予行政处罚　□移送其他行政管理部门 □移送司法机关　□其他________
是否经过复核（听证）程序	□当事人未提出陈述、申辩意见或者未申请听证 □案件经复核或者听证
建议作出行政处理决定的内容、主要事实、理由、依据	办案人员： 年　月　日
当事人陈述、申辩或者听证中提出的主要意见	
复核意见或者听证意见	

续表

办案机构 负责人意见	办案机构负责人： 年 月 日
部门负责人 意见	部门负责人： 年 月 日
备注	

【说 明】

《行政处理决定审批表》是办案机构在案件调查终结之后，将最终处理建议提请市场监督管理部门负责人审批决定时所使用的文书。

一、文书适用范围

市场监督管理部门办案机构依据《市场监督管理行政处罚程序规定》第六十条第一款的规定，将最终处理建议提请市场监督管理部门负责人审批决定的，使用本文书。

二、文书制作提示

1. 案件名称按照“当事人姓名（名称）+涉嫌+违法行为性质+案”的方式表述。

2. 本文书各栏内容由办案机构填写，报市场监督管理部门负责人审批。

3. 经市场监督管理部门负责人集体讨论的，讨论决定在本文书中应当予以记载。可由部门负责人填写集体讨论决定，表述为“经______年____月____日集体讨论决定，同意”；也可由办案人员在备注栏中予以注明。

4. 经审核机构审核的，由办案机构在备注栏注明“本案已由审核机构于______年____月____日出具审核意见，审核意见为____。”

3. 当场行政处罚决定书

________市场监督管理局
当场行政处罚决定书

____市监当罚〔____〕__号

当事人：____

主体资格证照名称：______________________________________

统一社会信用代码：______________________________________

住所（住址）：____

法定代表人（负责人、经营者）：__________________________

身份证件号码：____

联系电话：____________________其他联系方式：____________

执法人员：____________________，执法证号：______________

执法人员：____________________，执法证号：______________

你（单位）____

的行为，违反了____

的规定。依据《中华人民共和国行政处罚法》第二十八条第一款、第五十一条、____的规定，现责令你（单位）改正上述违法行为，并作出如下行政处罚：

□警告；

□罚款________元。

罚款按下列方式缴纳：

□当场缴纳；

□即日起15日内通过______________________________缴纳罚款。

逾期不缴纳罚款的，依据《中华人民共和国行政处罚法》第七十二条的规定，本局将每日按罚款数额的百分之三加处罚款，并依法申请人民法院强制执行。

你（单位）如不服本行政处罚决定，可以在收到本当场行政处罚决定书之日起________内向________________申请行政复议；也可以在________内依法向________________人民法院提起行政诉讼。

________________市场监督管理局

（印　章）

年　　月　　日

本行政处罚决定作出前执法人员已向你（单位）出示执法证件，告知你（单位）拟作出的行政处罚内容及事实、理由、依据，并告知你（单位）有权进行陈述和申辩。

处罚地点：____

当事人确认及签收：________________________________　年　　月　　日

执法人员：____　年　　月　　日

____　年　　月　　日

本文书一式____份，____份送达，一份归档，__________。

【说　明】

《当场行政处罚决定书》是市场监督管理部门或者其派出机构依照行政处罚简易程序的相关规定对违法行为人当场作出行政处罚时所使用的文书。

一、文书适用范围

市场监督管理部门执法人员依据《中华人民共和国行政处罚法》第五十一条的规定，违法事实确凿并有法定依据，对公民处以二百元以下、对法人或者其他组织处以三千元以下罚款或者警告的行政处罚，当场作出行政处罚决定的，使用本文书。

二、文书制作提示

1. 本文书由市场监督管理部门预先印制并编制文书编号，应当确保每一个文书分别标有不同编号，加以区分。

2. 执法人员当场作出行政处罚决定的，应当主动向当事人出示执法身份证件，填写本文书当场交付当事人。

3. 当事人有主体资格证照的，按照当事人主体资格证照记载事项填写主体资格证照名称、统一社会信用代码、住所（住址）、法定代表人（负责人）等信息。当事人是个体工商户且有字号的，以字号名称为当事人名称，同时填写经营者姓名、身份证件号码。当事人主体资格证照未加载统一社会信用代码的，填写当事人主体资格证照名称及号码。

当事人是个人的，按照居民身份证记载事项填写姓名、住址及公民身份号码等信息。如无居民身份证的，填写其他有效身份证件名称及号码。

4. 本文书中应当填写对当事人违法行为的概述，对当事人违法行为定性与处罚所依据的法律、法规、规章的具体条款，以及处罚的具体内容、时间、地点。

5. 书写罚没款金额一般应当使用汉字数字，要填写正确，避免涂改。罚款缴纳方式为交至代收机构的，一般需填写代收机构名称、地址等。

6. 依据《中华人民共和国行政处罚法》第六十八条、第六十九条和《市场监督管理行政处罚程序规定》第七十二条的规定，符合相应条件的，执法人员可以当场收缴罚款。

7. 本文书应当写明当事人不服行政处罚决定申请行政复议或者提起行政诉讼的途径和期限。对行政处罚决定不服的，依法申请行政复议的期限为六十日，法律规定的申请期限超过六十日的从其规定；依法提起行政诉讼的期限为六个月，法律另有规定的从其规定。

8. 执法人员当场作出行政处罚决定的，有关材料需在作出行政处罚决定之日起七个工作日内交至市场监督管理部门归档保存。

4. 行政处罚决定书

________市场监督管理局

行政处罚决定书

____市监处罚〔____〕__号

当事人：________________________________

主体资格证照名称：________________________________

统一社会信用代码：________________________________

住所（住址）：________________________________

法定代表人（负责人、经营者）：________________________________

身份证件号码：________________________________

（案件来源及调查经过）________________________________

____

____

经查，**（案件事实）**________________________________

____

____

上述事实，主要有以下证据证明：________________________________

____

（行政处罚告知情况，当事人陈述、申辩、听证意见，复核以及采纳情况和理由）________________________________

____

本局认为，**（违法行为性质及定性、处罚依据）**________________________________

____

(自由裁量的事实和理由)______________________________________

____

综上，当事人上述行为违反了________________________，依据________________________，[现责令当事人改正上述违法行为，并]决定处罚如下：

1.______________________________________

2.______________________________________

3.______________________________________

(行政处罚的履行方式和期限)______________________________

____

(救济途径和期限)______________________________________

____

____________市场监督管理局

（印　章）

年　　月　　日

(市场监督管理部门将依法向社会公开行政处罚决定信息)

本文书一式____份，____份送达，一份归档，__________。

【说　明】

《行政处罚决定书》是市场监督管理部门对当事人作出行政处罚决定时所使用的文书。

一、文书适用范围

市场监督管理部门依据《中华人民共和国行政处罚法》第五十九条、《市场监督管理行政处罚程序规定》第六十二条的规定，对当事人作出行政处罚决定，载明对当事人作出行政处罚决定的事实、理由、依据及处罚内容等事项的，使用本文书。

二、文书制作提示

1. 适用普通程序办理的行政处罚案件使用本文书，适用简易程序办理的行政处罚案件不使用本文书。

2. 行政处罚决定书的主要内容包括：

（1）当事人的姓名或者名称、地址等基本情况。当事人有主体资格证照的，按照当事人主体资格证照记载事项填写主体资格证照名称、统一社会信用代码、住所（住址）、法定代表人（负责人）等信息。当事人是个体工商户且有字号的，以字号名称为当事人名称，同时填写经营者姓名、身份证件号码。当事人主体资格证照未加载统一社会信用代码的，填写当事人主体资格证照名称及号码。

当事人是个人的，按照居民身份证记载事项填写姓名、住址及公民身份号码等信息。如无居民身份证的，填写其他有效身份证件名称及号码。

（2）案件来源及调查经过。可以写明案件线索来源、核查及立案的时间，以及采取的先行登记保存、行政强制措施、现场检查、抽样取证等案件调查情况。

（3）案件事实。案件事实需表述清楚，包括违法行为的时间、地点、目的、手段、情节、违法所得、危害结果、主观过错等。要客观真实，所描述的事实必须得到相关证据的支持，内容全面、重点突出。

（4）相关证据及证明事项。要将认定案件事实所依据的证据列举清楚，所列举的证据要符合证据的基本要素，根据证据规则应当能够认定案件事实。必要时可以将证据与所证明的事实对应列明。

（5）行政处罚告知情况，当事人陈述、申辩、听证意见，复核以及采纳情况和理由。叙述行政处罚告知的送达情况；当事人陈述、申辩的内容，经过听证的案件，还需写明听证意见；对当事人陈述、申辩、听证意见的复核情况以及采纳或者不予采纳的理由。

（6）违法行为性质及定性、处罚依据。认定违法行为的性质。定性依据即违法行为所直接违反的法律、法规和规章规定，它既是判定行为是否违法的依据，也是判定构成何种违法行为的依据。处罚依据即决定处罚内容所依据的法律、法规、规章规定。在表述定性依据和处罚依据时，应当写明所依据的具体条款和内容。

（7）自由裁量的事实和理由。从违法行为的具体事实、性质、情节、社会危害程度、主观过错以及公平公正要求等方面，对行政处罚自由裁量的依据和理由加以表述，阐明对当事人从重、从轻、减轻处罚的情形。

行政处罚的内容包括对当事人给予处罚的种类和数额，有多项的应当分项写明。责令改正不属于行政处罚，不列入行政处罚内容中，可以在行政处罚内容前表述。

（9）行政处罚的履行方式和期限。行政处罚规定有罚没款处罚的，应当写明收缴罚没款的银行或者代收机构的名称、地址以及对当事人逾期缴纳罚款可以加处罚款的表述。一般表述为“当事人应当自收到本行政处罚决定书之日起十五日内，将罚没款缴至________银行（代收机构名称：________地址：______），或者通过______电子支付系统缴纳（缴纳方式为：______）。到期不缴纳罚款的，依据《中华人民共和国行政处罚法》第七十二条的规定，本局将每日按罚款数额的百分之三加处罚款，并依法申请人民法院强制执行。”

（10）救济途径和期限。写明当事人不服行政处罚决定申请行政复议或者提起行政诉讼的途径和期限。对此，一般表述为“如你（单位）不服本行政处罚决定，可以在收到本行政处罚决定书之日起六十日内向________申请行政复议；也可以在六个月内依法向________人民法院提起行政诉讼。申请行政复议或者提起行政诉讼期间，行政处罚不停止执行。”对行政处罚决定不服的，依法申请行政复议的期限为六十日，法律规定的申请期限超过六十日的从其规定；依法提起行政诉讼的期限为六个月，法律另有规定的从其规定。

3. 正文中括号内的楷体文字为内容提示，不体现在文书内容中。

4. 根据《市场监督管理行政处罚程序规定》第六十三条第一款，对具有一定社会影响的行政处罚决定应当在本文书末尾载明“（市场监督管理部门将依法向社会公开行政处罚决定信息）”。

5. 市场监督管理部门送达本文书，应当在宣告后当场交付当事人。当事人不在场的，应当在七个工作日内按照《市场监督管理行政处罚程序规定》第八十二条、第八十三条的规定送达当事人。

6. 本文书需填报《行政处理决定审批表》，经市场监督管理部门负责人批准后制发。

5. 不予行政处罚决定书

________市场监督管理局
不予行政处罚决定书

____市监不罚〔____〕__号

当事人：____

主体资格证照名称：________________________________

统一社会信用代码：________________________________

住所（住址）：____________________________________

法定代表人（负责人、经营者）：____________________

身份证件号码：____________________________________

（案件来源及调查经过）____________________________

____

____

经查，（案件事实）________________________________

____

____

上述事实，主要有以下证据证明：____________________

____

（行政处罚告知情况，当事人陈述、申辩、听证意见，复核以及采纳情况和理由）____________________________________

____

（违法行为性质、不予行政处罚的决定和理由）________

____

（救济途径和期限）____

____

____

依据《中华人民共和国行政处罚法》第三十三条第三款的规定，对你（单位）进行教育，具体内容如下：

1. ____

2. ____

3. ____

________________市场监督管理局

（印　章）

年　　月　　日

本文书一式____份，____份送达，一份归档，__________。

【说 明】

《不予行政处罚决定书》是市场监督管理部门对当事人确有违法行为但依法不予行政处罚时所使用的文书。

一、文书适用范围

市场监督管理部门适用普通程序办理行政处罚案件，依据《中华人民共和国行政处罚法》的规定，对符合《市场监督管理行政处罚程序规定》第六十条第一款第二项情形，或者依据其他法律、法规规定作出不予行政处罚决定的，使用本文书。

二、文书制作提示

1. 本文书不适用于“违法事实不成立，不予行政处罚”情形。

2. 不予行政处罚决定书的主要内容包括：

（1）当事人的姓名或者名称、地址等基本情况。当事人有主体资格证照的，按照当事人主体资格证照记载事项填写主体资格证照名称、统一社会信用代码、住所（住址）、法定代表人（负责人）等信息。当事人是个体工商户且有字号的，以字号名称为当事人名称，同时填写经营者姓名、身份证件号码。当事人主体资格证照未加载统一社会信用代码的，填写当事人主体资格证照名称及号码。

当事人是个人的，按照居民身份证记载事项填写姓名、住址及公民身份号码等信息。如无居民身份证的，填写其他有效身份证件名称及号码。

（2）案件来源及调查经过。可以写明案件线索来源、核查及立案的时间，以及采取的先行登记保存、行政强制措施、现场检查、抽样取证等案件调查情况。

（3）案件事实。案件事实需表述清楚，包括违法行为的时间、地点、目的、手段、情节、违法所得、危害结果、主观过错等。要客观真实，所描述的事实必须得到相关证据的支持，内容全面、重点突出。

（4）相关证据及证明事项。要将认定案件事实所依据的证据列举清楚，所列举的证据要符合证据的基本要素，根据证据规则应当能够认定案件事实。必要时可以将证据与所证明的事实分类列明。

（5）行政处罚告知情况，当事人陈述、申辩、听证意见，复核以及采纳情况和理由。如已进行行政处罚告知，听取当事人陈述、申辩，或者举行听证的，应当记载相关情况。

（6）违法行为性质、不予行政处罚的决定和理由。写明对当事人违法行为的定性及依据，以及不予行政处罚的理由及依据。决定责令当事人改正或者限期改正违法行为的，可以在本文书中一并表述。

（7）救济途径和期限。写明当事人不服不予行政处罚决定申请行政复议或者提起行政诉讼的途径和期限。对此，一般表述为“如你（单位）不服本行政处罚决定，可以在收到本行政处罚决定书之日起六十日内向________申请行政复议；也可以在六个月内依法向________人民法院提起行政诉讼。”对行政处罚决定不服的，依法申请行政复议的期限为六十日，法律规定的申请期限超过六十日的从其规定；依法提起行政诉讼的期限为六个月，法律另有规定的从其规定。

（8）根据《中华人民共和国行政处罚法》第三十三条第三款、《市场监督管理行政处罚程序规定》第六十一条规定，对当事人的违法行为依法不予行政处罚的，市场监督管理部门应当对当事人进行教育，如：要求当事人加强法律法规学习，可列明与违法行为相关的具体法律法规目录或条文；要求当事人规范经营行为，遵守行政管理秩序；要求当事人增强安全主体责任意识，加强安全规范管理等。具体可以根据实际情况填写。

3. 正文中括号内的楷体文字为内容提示，不体现在文书内容中。

4. 本文书需填报《行政处理决定审批表》，经市场监督管理部门负责人批准后制发。

5. 市场监督管理部门送达本文书，应当在宣告后当场交付当事人。当事人不在场的，应当在七个工作日内按照《市场监督管理行政处罚程序规定》第八十二条、第八十三条的规定送达当事人。

图书在版编目（CIP）数据

中华人民共和国行政处罚法：案例注释版 / 中国法制出版社编 .—2 版 .— 北京：中国法制出版社，2024. 1

（法律法规案例注释版系列；18）

ISBN 978-7-5216-3342-9

Ⅰ.①中… Ⅱ.①中… Ⅲ.①行政处罚法-案例-中国 Ⅳ.①D922. 115

中国国家版本馆 CIP 数据核字（2023）第 247616 号

责任编辑：谢　雯　　　　封面设计：杨泽江

中华人民共和国行政处罚法：案例注释版

ZHONGHUA RENMIN GONGHEGUO XINGZHENG CHUFAFA：ANLI ZHUSHIBAN

经销/新华书店

印刷/河北华商印刷有限公司

开本/880 毫米×1230 毫米　32 开　　　　印张/ 5. 75　字数/ 123 千

版次/2024 年 1 月第 2 版　　　　2024 年 1 月第 1 次印刷

中国法制出版社出版

书号 ISBN 978-7-5216-3342-9　　　　定价：22. 00 元

北京市西城区西便门西里甲 16 号西便门办公区

邮政编码：100053　　　　传真：010-63141600

网址：http：//www. zgfzs. com　　　　**编辑部电话：010-63141797**

市场营销部电话：010-63141612　　　　**印务部电话：010-63141606**

（如有印装质量问题，请与本社印务部联系。）